# 들어가는 말

## 현대인의 필요에 맞는 관상학

관상학은 특별히 비전지학으로 문외불출의 범주에 속해 있었다. 지금은 세계화 시대이다. 관상학은 역(易)이나 도선불(道仙佛)의 이론을 더해 대단히 정교하게 가다듬어진 것인데 지금은 이러한 동양상법을 근간으로 서양상법의 결실들을 선별하여 수용하고 있다.

뿐더러 뭇 과학의 정교한 발달과 맞추어 관상학 역시도 마냥 비술 내에만 안주할 수가 없게 되어 있다. 특히 현란하게 변해 가는 초정보화 시대에 맞추어 그 안에서 살아가는 현대인의 진정한 필요를 충족시킨다는 것이 그 중요한 과제라고도 할 수 있다.

모든 것이 변해가고 있다. 불변하는 것은 무엇이고 변

화시킬 수 있는 것은 무엇인가? 그 중에서도 인간의 선천적인 운명은 얼마나 바꿀 수 있는 것인가?

이러한 물음들에 대해 현대의 관상학은 답을 하지 않으면 안 된다. 또 그 점에 있어서 당대를 살아가는 각 개인들에게 진정으로 도움을 주는 관상학이 아니라면 도대체 무엇을 위한 관상학인가 하는 물음이 이 책이 만들어진 첫 번째 동기라고 해도 과언이 아니다.

하지만 그렇더라도 정확하고 명료한 진실이 선행되지 않으면 안 된다. 왜냐하면 자신이 처한 참 진실, 불가피한 조건과 상황을 명확히 깨우친 후에야 앞날을 예측하고 또 잘못된 것을 바로 잡는 것이 가능하기 때문이다.

### 운명은 변화시킬 수 있다.

모든 사람들의 상이 성격이나 운명을 지배하는 것이 아니라 기운이 상을 지배하는 것이라는 사실을 잘 생각할 필요가 있다.

"상이 아무리 좋아도 마음을 잘 쓰기만 같지 못하다"
(觀相而 不如心相)하였다.

관상학상으로는 부귀공명을 할 수 있는 길상이라 하더라도 마음 쓰기에 따라서는 언제라도 얼마든지 빈천해지는 수가 있으며 비록 빈천단명할 상으로 태어났다 하더라도 마음 쓰기에 따라서 부귀장수할 수가 있는 것이다.

자기가 처한 환경에 순응하고 인간으로서의 해야 할 도리를 닦으면서 끊임없는 노력을 한다면 누구에게든지 행운은 찾아오는 것이다. 그러므로 부귀빈천을 판단하는 요소는, 물론 상의 좋고 나쁨에 의하지만 그것을 운영하는 것은 마음에 달렸다.

그런데 마음을 올바르고 착하게 쓰고 못 쓰는 것도 이미 상에 의해 정해진 숙명이 아닐까 하는 의문이 있을 수도 있다. 그러나 어디 까지나 천부적으로 타고난 것은 각 개인의 성격이지 마음이 아니다.

타고난 성격도 마음 쓰기에 따라서는 누구든지 바로잡아 나갈 수 있는 것으로서 마음의 수양으로 얼마든지 악흉상을 전화위복으로 바꿀 수가 있는 것이다.

## 제1장 ‖ 알기쉬운 관상 • 15

1. 이야기하는 모습으로 보는 관상 — 15
2. 몸가짐으로 보는 관상 — 18
3. 걸음으로 보는 관상 — 20
4. 눈과 눈썹 — 22
5. 이마와 코, 귀 — 37
6. 입과 치아 — 47
7. 터럭 — 55
8. 턱 — 57
9. 볼 — 59
10. 손의 모양을 보는 법 — 61

## 제2장 ‖ 관상학의 기초 • 73

1. 관인팔법 — 73
2. 12가지 유형별 얼굴과 운세 — 78
3. 눈썹 _ 눈썹의 각 모양 — 91
4. 눈 _ 눈의 각 모양 — 107

5. 코 _ 코의 각 모양　　　　　　　　　　*132*

6. 입 _ 입의 각 모양　　　　　　　　　　*145*

7. 귀 _ 귀의 각 모양　　　　　　　　　　*155*

8. 손바닥의 언덕(丘)　　　　　　　　　　*164*

9. 손바닥의 선　　　　　　　　　　　　　*170*

10. 손바닥 무늬의 각 모양　　　　　　　*179*

## 제3장 ǁ 신체보는 법 • 225

1. 신체 삼정　　　　　　　　　　　　　　*225*

2. 목　　　　　　　　　　　　　　　　　　*225*

3. 어깨　　　　　　　　　　　　　　　　　*228*

4. 가슴　　　　　　　　　　　　　　　　　*229*

5. 배　　　　　　　　　　　　　　　　　　*230*

6. 배꼽　　　　　　　　　　　　　　　　　*232*

7. 음부(陰部)　　　　　　　　　　　　　　*233*

8. 사지　　　　　　　　　　　　　　　　　*234*

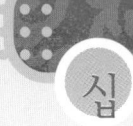

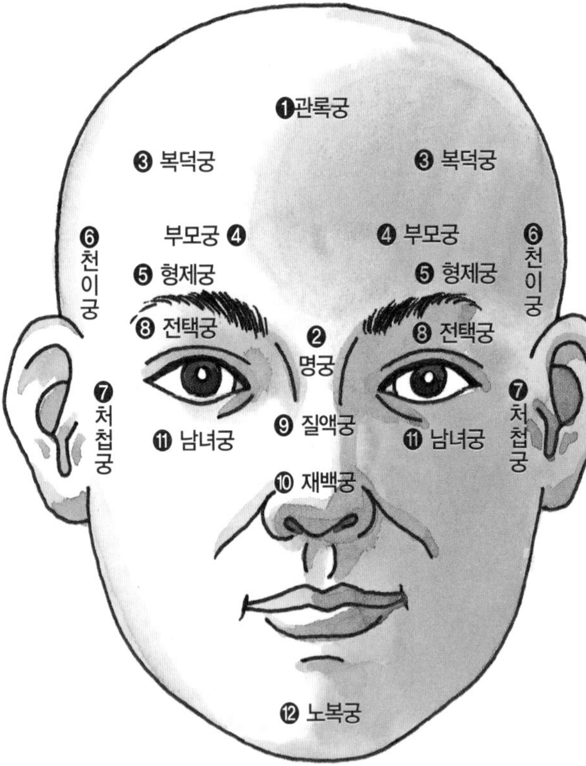
❶관록궁
❸ 복덕궁
❸ 복덕궁
부모궁 ❹
❹ 부모궁
❻ 천이궁
❻ 천이궁
❺ 형제궁
❺ 형제궁
❽ 전택궁
❽ 전택궁
❷ 명궁
❼ 처첩궁
❼ 처첩궁
❾ 질액궁
⓫ 남녀궁
⓫ 남녀궁
❿ 재백궁
⓬ 노복궁

## 12궁이 상징하는 대표적 의미

❶ 궁 - **관록궁** = 관록운 · 귀인 · 출세 · 상운

❷ 궁 - **명궁** = 선천적 운명 · 정신력 · 건강 · 희망 · 학문적 성취

❸ 궁 - **복덕궁** = 금전운 · 재테크 · 평생의 복록

❹ 궁 - **부모궁** = 부모와의 인연, 부모와의 생리사별 (왼쪽 : 아버지, 오른쪽 : 어머니의 운세를 살피는 곳인데 여자인 경우는 반대)

❺ 궁 - **형제궁** = 형제간 · 재능 · 사회생활 · 가정사 · 친구 및 대인관계

❻ 궁 - **천이궁** = 이사 · 여행 · 직장 변동 · 여행운

❼ 궁 - **처첩궁** = 부부운 · 결혼 · 가정사 · 애정

❽ 궁 - **전택궁** = 관록운 · 귀인 · 출세 · 상운

❾ 궁 - **질액궁** = 건강 · 질환 · 운세 · 재난

❿ 궁 - **재백궁** = 평생의 재산운 · 성격 · 기질(상하로 코 전체 해당)

⓫ 궁 - **남녀궁** = 자녀궁 · 자손 · 정력 · 집안 친척의 수하 아랫사람관계 · 직원 · 종업원 관계

⓬ 궁 - **노복궁** = 부하 · 인생의 후반부 · 아랫사람(턱부분)

⓭ 궁 - **상모** = 얼굴 신체운 · 관상의 종합운

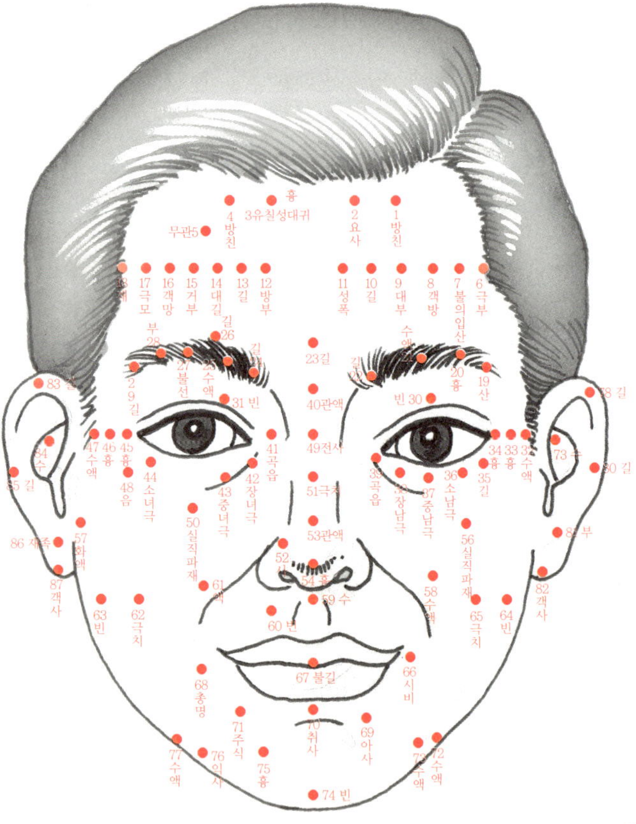
흉
3유칠성대귀
4 방친
무관5
2 요사
1 방친
17 극모
16 객망
15 거부
14 대길
13 길
12 방부
11 성폭
10 길
9 대부
8 객방
7 불의입산
6 극부
부 28
길 26
27 불선
25 수액
길 24
23길
길 22
20 흉
19 산
29 길
31 빈
40관액
빈 30
78 길
47 수액
46 흉
45 흉
48 음
44 소녀극
41 곡읍
42 장녀극
43 중녀극
49전사
51극차
39 곡읍
38 장남극
37 중남극
36 소남극
35 길
34 흉
33 흉
32 수액
84 수
85 길
80 길
50 실직파재
53관액
56 실직파재
81 부
57 화액
87 객사
54 흉
59 수
61 액
58 수액
82 객사
63 빈
62 극치
60 빈
65 극치
64 빈
66 시비
67 불길
68 총명
71 주식
70 취사
69 아사
77 수액
76 익사
75 흉
72 수액
74 빈

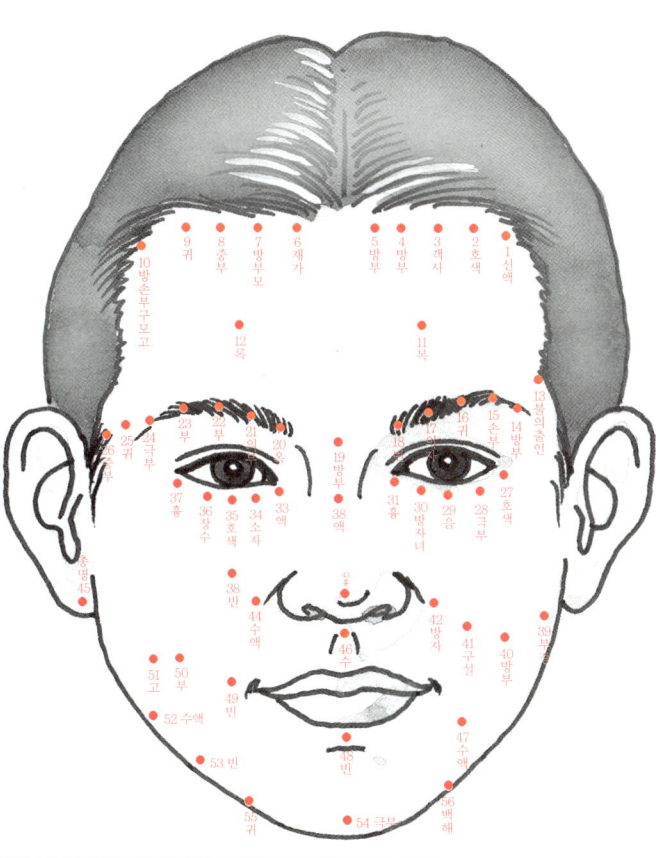

13

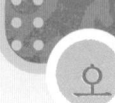

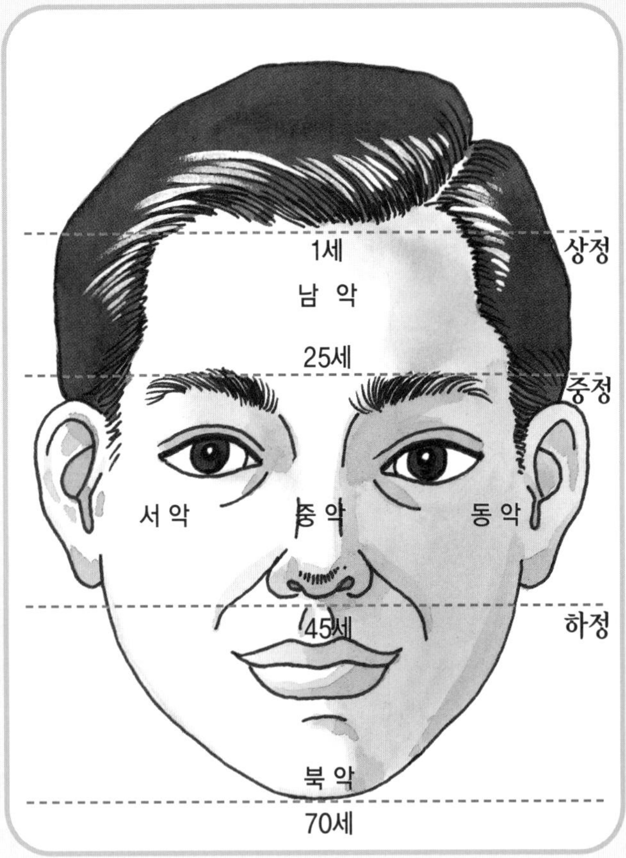
1세
상정
남 악
25세
중정
서 악
중 악
동 악
하정
45세
북 악
70세

# 제1장 알기 쉬운 관상

 **이야기하는 모습으로 보는 관상**

**눈을 아래위로 뜨면 기회주의자**

눈을 아래위로 뜨면서 흘겨보는 사람은 기회주의자이며 남편이나 처를 속인다. 사람을 보고 지나치게 반가워하는 사람은 속마음이 정직하지 못하다.

냉소하거나 무정한 사람은 매사에 기모가 깊고 심량이 무겁다. 어떤 논의를 하거나 일을 끌어감에 있어 오직 냉소를 지을 뿐 말이 없고, 감정표현을 하지 않는 사람은 계획이 치밀하고 빈틈이 없어 그 마음을 남이 알기에 어렵고, 도량과 재간이 크며 깊어 가볍게 행동하지 않는다.

눈을 아래위로 뜨면서 자주 흘겨보는 사람은 남의 약점을 파고드는 기회주의자이며 자기중심적인 인간이다. 이익을 위해서는 비굴함도 얼마든지 감수하며 남편이나 처를 그때 그때 속이는 상. 빈한하며 고독하다.

눈꺼풀을 자주 깜박이는 사람은 허약하며 신경질적이다. 눈꺼풀에 힘을 주고 시력을 모으듯이 깜박이는 사람 역시 그러한데 이는 낭비가 심하며 재산을 파해 먹을 운수를 나타낸다.

이야기할 때 눈동자가 불안정하게 좌우로 움직이는 사람은 결단력이 없는 상으로서 만년에 집을 마련하는 데 곤란이 많을 상이다. 이야기할 때 미간을 모으는 사람은 만년에 고독할 상.

말을 할 때 입술을 핥는다거나 아랫입술을 이빨로 깨무는 버릇이 있는 여성은 거짓말을 잘하며 허영심이 많다. 눈을 감고 말하는 사람은 음험하다. 마음에도 없는 아첨을 태연하게 하면서 잇속을 챙기는 데 능하고 몰인정하며 철면피하고 음탕하다.

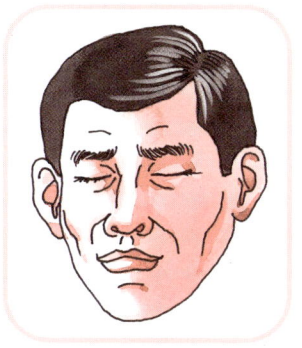

상대의 눈을 똑바로 바라보며 한마디 한마디를 분명히 말하는 남자는 바탕이 정직한 자로서 중년 이후에 높은 신망을 얻는 대신 자신감이 넘치는 독선적인 일면도 있다.

몹시 신중하게 자기의 의견을 정리하여 느릿느릿 얘기하는 남자는 일견 무능하게도 보이지만 중년에서 만년으로 가면서 운수가 트여 가는 형이다. 입이 무겁기 때문에 사귀기 어려운 단점도 있다.

끈끈한 정이 있는 것처럼 말하는 남자는 음모가이며 경계하는 것이 좋다.

목소리가 낭랑하며 여운이 있는 사람은 기지와 계책이 풍부해서 중년 이후에는 성공할 상.

## 2 몸가짐으로 보는 관상

**음식 습관이 잘못되면 일생 불운**

의자에 앉으면 머리털을 자주 만지는 버릇이 있는 남자는 악상이다.

타고난 재능 탓으로 칭찬은 받지만 조악한 성격에 욕심이 많은 데다 위선자이며 중년부터는 운수도 나빠진다. 침을 아무 데나 퉤퉤 뱉는 버릇이 있는 남자 역시 처음엔 부유하다가도 갈수록 쇠하는 상이며 단명한다.

　상대방에게 먼저 생긋 웃은 다음 응대하는 여자는 호감을 주긴 하지만 음부의 상이다.

　항상 옷깃을 매만진다거나 손장난을 좋아하는 여자 역시 색욕이 강하며 간통끼가 다분하다.

　음식은 입가까지 갖고 와 조용히 먹어야 하며 그런 사람은 운이 좋다.

　입을 벌리고서 음식을 안에 던져 넣듯이 먹는 사람과 고개를 내밀고 먹는 사람은 모두 일생 운수가 열리지 않아 빈한한 데다 단명한다.

　아주 뜨거운 음식을 좋아하는 사람은 천상으로 기운이 기운다.

　혼잣말을 잘하는 사람은 고독하며 자기 운수를 기울게 한다.

##  걸음으로 보는 관상

**여자가 같은 여자를 뒤돌아보면 콤플렉스가 많다.**

고개를 쳐들고 걷는 사람은 몽상가이다.

돈이 떨어져 있어도 보지 못하지만 집으려는 생각도 없는 형이며, 금운과는 거리가 멀다.

배꼽 아래 단전에 기운이 충만하여 발을 가볍게 떼어놓는 사람은 위엄과 인내심이 있어서 만사에 실패가 없다.

고개를 숙이고 걷는 것은 천상이다. 소심 우울하며

가정적으로도 불운하다. 결혼 운도 나쁘다.

 총총걸음을 걷는 사람은 침착성이 없다. 자기의 신념이 없고 언제나 쫓기듯이 산다. 마음도 약하며 일에도 실패율이 훨씬 많을 상.

 자꾸만 뒤를 돌아다보며 걷는 사람은 범죄자의 공통된 습성인데 의심이 많은 성격으로 마음이 약한 주제에 큰 소리를 치는 거짓말쟁이형. 같은 여자가 지나치면서 뒤돌아보는 여성은 선망이 강하고 콤플렉스가 있는 형, 확신과 성의가 없는 천한 상.

 발을 언제나 무거운 듯 끌며 걷는 사람은 생활이 흔들리고 있다. 연애 운, 결혼 운, 금 운 모두 안 좋다.

 어깨 바람을 치며 걷는 사람은 심장에 털이 난 사람, 성격도 옹고집이다. 만사를 자기중심적으로 생각한다.

 가슴을 펴고 걷는 사람은 정의감의 소유자로 운수가 강하다. 사회적·가정적으로도 행복하다.

엉덩이를 빼고 걷는 사람은 무슨 일을 해도 끝까지 하지를 못한다. 만사에 끈기가 없다. 엉덩이를 흔들고 걷는 사람은 무지하고 천한 상이다.

## 4 눈과 눈썹

**오른쪽보다 왼쪽이 큰 눈은 강한 자애주의자**

●●●● 눈

오른쪽보다 왼쪽이 큰 눈은 모든 일에 이기러 드는 호승심과 공명심이 강한 성격으로 고도의 나르시스트이다. 우월 의식에 잘 사로잡힌다. 왼쪽보다 오른쪽이 큰 눈은 남에게 호감만점으로 사교성이 풍부한 형.

최고의 눈으로 자안(慈眼)이다. 자기 자식을 안고서 어르고 있을 때처럼 순수하고 사랑이 담겨있는 눈으로 모든 사람에게 이렇게 대하는 눈매를 지닌 사람은 전적으로 신뢰해도 좋다.

얼굴에 비해 눈이 큰 사람은 음질과 음악적인 감성이 발달하여 예능에 능하며 언변이 좋고 성격도 활발하여 바람기가 있는 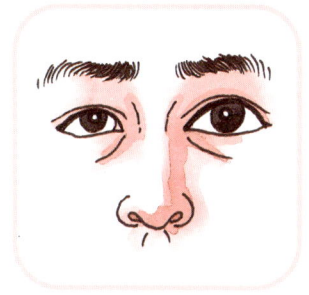 상. 눈이 작은 사람은 말솜씨는 서투른 대신 인내심이 요구되는 작가 같은 직업에 적합한 상이다.

눈꺼풀에 살이 거의 없으며 눈이 튀어나온 일명 노안(露眼)의 소유자는 관찰력이 특별히 날카로운 상.

눈이 빛나고 젖어 있는, 일명 도화안(桃花眼)을 지닌 여성은 음란하다.

눈이 큰 사람, 특히 여성은 악인이 없다는 말은 진실이다. 눈이 큰 여자는 개방적이며 마음속에 비밀을 숨겨두지 못한다. 대신 눈이 작은 여성보다 유혹에 넘어가기 쉽다.

● ● ● ● 눈썹 : 눈썹과 눈이 가깝게 있는 사람은 속이 좁다

눈썹의 길이는 눈보다 길고 짧음을 기준으로 한다. 눈보다 약간 긴 것이 보통인데 여기에 터럭이 일정하며 윤기가 있는 것이 좋은 눈썹이다.

눈썹에 한 두 가닥 특별하게 긴 눈썹이 있고 전체적으로 윤기가 있으며 빛나는 것을 관상학적으로 '채(彩)'라고 부르며 길상으로 진다.

본인은 물론 집안에 출중한 인물이 나타날 상이며 이런 남성은 약간 못생겼다 하더라도 일생을 함께 해도 좋다.

눈썹과 눈이 접근해 있는 사람은 시기심이 강한 반면 남에게 속기도 쉽고 직관력도 없다. 식견과 국량이 좁은 형.

여자의 눈썹은 초승달 모양의 가는 눈썹이 좋다. 단 너무 가늘거나 눈에서 훨씬 위쪽에 위치한 여자는 천성적으로 색정이 많아 방탕한 생활을 하게 될 색난(色難)의 상. 눈썹이 짧은 여자는 부부 운이 안좋다.

사랑하는 남자를 불행하게 하거나 육친과 인연이 없을 팔자. 눈썹이 짧은 남자는 물질적·정신적으로 아내를 힘들게 할 상이다. 눈썹이 짧은데다가 꼬리가 치켜 올라간 남자는 생활고가 빈번하고, 좋을 것 같다가도 금세 나빠지는 상.

좌우 눈썹의 높낮이가 짝짝이인 사람은 이복형제가 있을 상이다.

한일자 눈썹은 대체로 손재주가 없으며 눈썹이 완곡되어 있을수록 띠(특히 잔나비띠)에 따라 손재주가 많다. 눈썹에 크건 작건 점이 있는 사람은 자존심이 강하다.

눈두덩이나 눈썹 안에 작은 점이 있는 사람은 지능

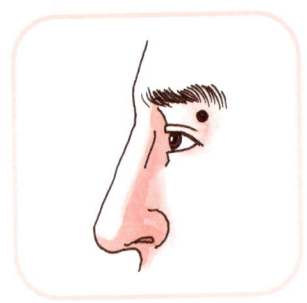

이 뛰어나다. 특히 작을수록 지능이 뛰어나다. 큰 것은 좋지 않다.

또 눈두덩에 점이 있는 사람은 대부분 손목이나 팔에도 점이 있다. 이마에 점이 있더라도 눈썹꼬리에 점이나 상처가 있으면 한 사업에 열중해도 파산할 상이며 투자해서 재산을 날릴 상이다.

눈썹이 나는 부위의 살 혹은 뼈(미구 眉丘)가 도독하게 솟아오른 사람은 분석적인 관찰력과 날카로운 직감력의 소유자로 노력가이며 열정적이다.

미목이 높은 것은 '대귀의 상' 이라는 말은 관상학의 정설이다. 이런 사람은 자존심이 강하고 활동적인데 성격이 격하며 너무 예리한 나머지 지나치게 완벽주의를 추구하는 결점이 있다.

특히 미목이 높으면서 눈썹이 가늘고 털이 거친 사람은 속단을 내려 뜻밖의 엉뚱한 일을 잘 저지른다.

미구가 높고 둥그스름하며 꼬리 쪽이 굵은 짙은 눈썹은 직감력이 뛰어나다.

미구가 낮은 남자 여자는 모두 행동보다는 생각을 많이 하는 사색파, 철학파이다.

눈썹이 엷으면 리더십이 부족하다.

눈썹이 짙으면서 꼬리가 치켜 올라간 한일자의 눈썹은 과감하게 일을 추진하는 대신 비타협적 성격으로 형제와의 사이도 나쁘다.

꼬리가 치켜 올라간 짙은 눈썹을 지닌 여성은 과부상이다. 같은 여자에겐 동정심을 보이지 않으며 이성에 대해서만 적극적인 상이다.

늙어서도 눈썹이 검고 짙은 사람은 후계자가 없어 혼자서 일을 떠맡는 상으로서 남의 결점을 먼저 발견하고 쉽게 믿지 못한다.

●●● 눈동자 : 아래 삼백안은 패가망신 위 삼백안은 잔혹하다

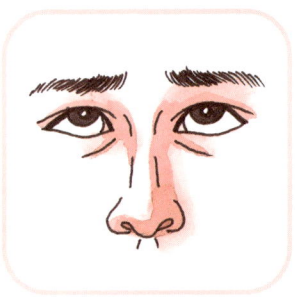

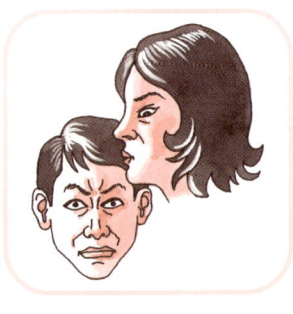

눈동자가 위쪽으로 치우쳐서 사람을 노려볼 때처럼 좌우와 밑 세 군데의 흰자위가 드러난 눈이 있다.

삼백안(三白眼)이라 한다. 자존심이 강하고 고집 센 사람으로서 출세는 어느 정도 하지만 처자 복이 없고 중년에 패가망신하는 운세다.

아랫사람과 인연이 없고 색난을 겪을 상. 여자는 남자 잡음. 눈동자가 아래로 치우쳐 위에 흰자위가 있는 '상삼백(上三白)'. 일명 뱀눈은 음험하고 도벽이 있는

범죄형의 눈이다.

평상시엔 얌전하지만 이해관계 앞에서는 무슨 짓을 할지 모르는 위험한 성격을 가진 상. 윗사람 인연 적고 엿보기를 좋아한다. 희귀하게도 눈동자 사방에 흰자위가 있는 '사백안(四白眼)'의 남성은 극악무도하고 냉혈한의 상이다. 여자인 경우는 난산(難産)의 상으로 흉부 질환의 가능성이 많은 흉상.

남녀 모두 부부 운이 나쁘며 남자가 설혹 처복이 있다 하더라도 자신은 병으로 괴로워할 상이다.

흰자위는 원래 담황색인데 이 흰자위가 먹빛으로 흐려지며 탁한 반점이 나타날 때는(이럴 때는 대개 눈 안쪽 흰자위의 근육도 빨갛게 충혈되어 있다) 근심이 있을 징조. 일이 안 풀리더라도 초조해하지 말고 흰자위가 정상으로 돌아가기를 기다리는 것이 좋다.

흰자위가 빨갛게 흐려지는 것은 과도한 섹스가 원인이다.

여자의 흰자위에 푸른 기미가 있는 것은 생식기의 발육부진을 의미한다. 청순 다감하며 병약한 여자일수록 음모가 엷고 히스테리가 있다.

흰자위가 갈색으로 흐려지는 남성은 여자의 원한을 사고 있다는 뜻.

눈동자와 흰자위의 윤곽이 불분명해서 혼탁한 남자는 평생 불운한 상으로 결혼은 고려해봐야 한다.

특히 눈동자에 갈색 줄무늬가 있어 다색으로 보이는 남자는 잔인하며 모략가이자 무성의한 성품으로 언제라도 여자를 차버리는 인간. 결혼은 절대 금물이다.

### ●●● 미간 : 미간에 가로 주름 두 개는 남의 일 때문에 고생할 상

미간의 가로 주름 두 개는 남의 부탁을 거절 못하는 성격이다. 남의 일을 떠맡고 고생 운수지만 음덕을 쌓는 마음으로 행하는 것이 중요하다.

가로 주름 한 개는 중병에 걸리거나 몹시 가난한 생활을 한 번은 하게 될 상. 가로 주름 세 개는 자기 분수를 지킬 줄 알며 일을 밀어붙이는 추진력이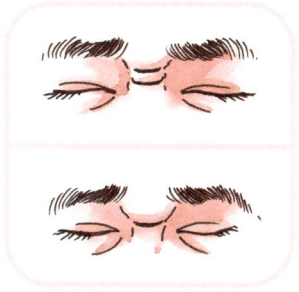
강하다. 사고력과 판단력이 뛰어나고 리더십도 있지만 심술궂은 성격도 있다.

가로 주름이 미간에 서너 줄 있는 사람은 세상 물정과 이치에 밝고 열정적인 사람이다. 온순하며 남에 대한 배려심도 많다.

미간은 손가락 둘이 들어갈 정도가 표준, 너무 넓으면 우둔한 상이다. 미간 사이에 손가락 세 개정도 들어가는 아이는 남녀를 불문하고 깜찍 조숙하다.

성인 여성이 미간이 넓으면 음탕하다. 그 위에 코끝까지 깎인 여자는 남편을 망치는 악녀상. 미간이 좁은 여성은 결혼 운이 나쁘다.

미간이 좁은 남자는 신경질적이며 열심히 일을 해도 상사 복이 없다. 미간이 좁을수록 인정을 받지 못하며 처복도 나쁘다.

위 눈썹과 속눈썹 사이를 전택(田宅)이라 한다. 전택이 넓은 사람은 부모, 형제, 배우자의 재산을 상속하는 길상.

단 전택이 넓어도 상처나 점이 이곳에 있으면 남녀 모두 유산을 상실할 운명이거나 유산이 아무 것도 없는 사람이다.

전택은 젊었을 때는 도톰하고 넓어도 늙어 갈수록 움푹해진다. 하지만 언제고 살집이 좁고 눈꺼풀이 부은 듯한 사람은 정력이 세고 음탕하다.

여자 역시 색욕이 강하여 남자 없이는 못살 상.

●●●● 눈초리 : 눈초리의 점은 호색가형

눈초리(어미 魚尾)가 올라간 여자는 고집이 세고 불화가 잦아 미움을 받는다. 운은 좋은 편이지만 남  편을 깔고 앉으려는 상. 눈초리가 올라가고 코가 높은 사람은 만년에 고독해질 상으로 남녀를 불문하고 고집을 꺾을 줄도 알아야 한다.

여자는 눈초리가 직선이거나 약간 내려간 것이 좋다. 눈초리가 내려간 눈은 남녀 모두 수동적, 소극적인 성격이며 너무 내려가면 절제가 없다.

애꾸눈은 남녀 모두 고집이 세다. 특히 왼쪽 눈만 멀쩡한 남자는 다른 사람의 의견은 전혀 듣지 않는 독선적인 성격을 지녔다.

큰 눈에 활력이 담긴 사람은 사업가로 대성할 자질. 배짱도 있고 스케일도 크다.

눈이 크더라도 왜소하며 살집도 보통인 사람은 남녀를 불문 향락주의자다. 길이도 폭도 없이 작은 눈은 담력도 없고 마음도 좁다.

뚱뚱하면서 가늘고 작은 눈을 가진 사람은 꼼꼼한 절약가이며 마음이 약하다. 만년에 불운해질 상.

작은 눈이라도 눈초리가 긴 실눈 일명 '코끼리눈'은 사고력이 있고 자비로운 사람의 눈이다.

위아래로 폭이 넓은 눈(원안 圓眼)의 여성은 청상과부형. 여성의 심한 원안은 갑상선 호르몬의 분비와 관련이 있으며 심해지면 파세우도씨 병이 된다.

눈과 코뿌리 사이에 점이 있는 여성은 귀빈천부를 막론하고 필연적으로 간통할 상. 좌측에 있는 경우엔 남자 쪽의 강요로 간통할 상.

남자의 경우 유부녀와 몇 차례 간통할 상.

눈초리 부근에 점이 붙어 있는 남자는 호색가로서 왼쪽에 있을 경우엔 자발적인 색한이 되고, 오른쪽 눈초리 부근에 있을 경우엔 첩궁이라 하여 여자가 따르며 그녀를 살림시키게 된다.

여자가 오른쪽에 점이 있을 경우 필히 연애결혼 해서 실패할 상. 여자인 경우 이 점이 눈초리에서 올라갈수록 연하의 남자와 비밀연애를 할 상이다.

눈 아래 반원형의 부분(누당 漏堂)이 살이 많은 사람은 남녀 모두 정력이 왕성하다.

누당이 거의 없는 여성은 남성 운이 나쁘다.

젊어서 누당이 처진 여성은 결혼생활이 불행하여 자식과도 떨어져 살 운명.

눈과 눈 사이가 넓은 여성은 유방과 유방 사이도 넓다. 눈 아래 점이 있는 여자는 유방에도 점이 있는데 자식 때문에 고생할 상으로서 자녀교육에 한층 신경을 써야 한다.

남자가 왼쪽 눈 아래 점이 있을 경우엔 장남 때문에, 왼쪽 눈초리 밑에 있을 경우 막내로 인해, 오른쪽 눈 밑의 경우엔 딸 혼사로 속을 썩거나 병약하며 사생아를 낳을 걱정이 있다.

여자가 오른쪽 눈초리 밑에 점이 있을 경우 막내딸과, 오른쪽 눈 밑일 경우 큰딸과 불화하거나 고생을 겪을 상.

눈썹이 길고 짙은 여성은 선병질로 몸이 약하다.

눈썹이 거의 없는 여성은 재치 있고 소탈해 보이나 성격이 교활하다. 특히 눈썹이 없는 여성은 열성유전을 하기 때문에 불구자나 기형아를 낳을 확률도 높다.

눈썹이 많은 사람은 손재주가 있다.

쌍꺼풀을 자세히 보면 주름이 윗눈과 하나가 되어 있는 것, 따로 떨어져 있는 것이 있다. 앞의 것을 본부인, 뒤의 것을 첩의 눈이라 한다. 남성의 쌍꺼풀눈은 여자가 잘 따라 난을 만나는 여난형임을 암시한다.

웃을 때 눈초리에 주름이 생기는 남자는 방탕아다.

보통 눈초리의 주름은 젊어서는 상하 두 줄, 삼십

오륙 세부터는 세 개, 그 이후에는 점차 더 많아진다.

삼십 전에 주름이 많은 사람은 허약하고 단명하며 대체로 말랐으며 누당에 살이 없다.

나이가 들어도 주름이 없는 사람은 죽을 때까지 방탕한 생활을 할 상.

중년이 지나도 눈초리의 주름이 두가닥인 사람은 칼칼한 성격의 소유자로 만년에 고독하거나 빈곤해질 우려가 있다.

## 5 이마와 코, 귀

● ● ● ● 이마 : 이마 가운데 점이 있는 사람은 위기에 약하다

이마 가운데 점이 있는 사람은 비상 사태에 대한 판단력이 없다. 이마 가운데 점이 있는 사람은 유사시 바른 판단을 내리지 못해 높은 지위에 부적합하다.

또 이마 가운데 부근의 머리털이 툭 불거져 나온 사람은 독창성이 전혀 없으므로 창의가 요구되는 직업에는 적합하지 않다.

전체적으로 넓은 이마는 기억, 직관력이 뛰어난 지능형으로 수재들이 많다. 이 이마에 코나 광대뼈가 높은 경우 날카로운 성격의 소유자로 비범한 인물이다.

위가 둥근 이마는 감정이 풍부한 인물. 위가 좁고 밑이 넓은 이마는 두뇌보다는 완력이 강한 형이다.

이마 위 가운데 처진 부분(참차 參差)은 많을수록 악상이다. 손윗사람에게 반항하는 운수. 두 개가 있는 남자는 분노하기 쉽고 세 개인 경우는 음험하다. 이마의 주름 세 가닥을 위로부터 천문(天紋), 인문(人紋), 지문(地紋)이라 하며 세 가닥 모두 끊김이 없이 또렷하게 나타나 있으며 양끝이 올라간 것이 최상이지만 이런 주름상은 극히 드물다.

천문만 분명한 사람은 손윗사람의 지원을 받아 운명을 개척할 상. 천문과 지문이 어지럽고 중간이 끊겨 있어도 인문이 뚜렷한 사람은 남의 도움 없이 자력으로 성공할 상. 지문만 뚜렷한 사람은 밑의 사람의 도움으로 개운할 상이다. 천문이 끊어지면 손윗사람의 도움을 받기 어렵고, 인문이 끊어진 사람은 사람과 싸우기 쉽고, 지문이 끊어진 사람은 부하 운이 없다.

유독 인문만 있는 사람은 형제와의 의가 매우 나쁘며, 인문이 짧기까지 한 사람은 부부애가 매우 나쁘다. 의가 좋더라도 부인이 병약해질 상.

이마 전체에 잔주름이 많은 사람은 남의 시중을 들게 되는 등 귀찮은 잡사가 끊이지 않는다.

기러기가 하늘을 나는 모양의 안문(雁紋)은 이마가 좁고 근골질의 사람에게 많은데 물질적으로 매우 담

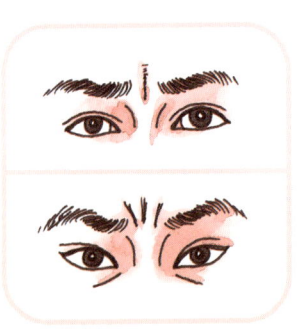

백하고 즐겨 사색하는 버릇이 있어 돈벌이에는 부적합하다.

  미간의 세로주름이 두 줄인 경우 40대까지는 운이 열리지 않는다.

  세 줄은 더 나쁘며 사소한 일에도 신경쓰는 소심한 상으로 고독한 경우가 많다. 열십자의 주름은 일생 불운하다.

  미간에 세로 주름이 서너 개인 사람은 신경질적이며 치밀한 성격. 됨됨이 자체는 진실하고 양심적이며 노력형의 인간이다.

  미간이 좁은 사람에게서 볼 수 있는 한 가닥 세로

주름은 부모, 형, 윗사람 등 손윗사람과 불화하는 상으로 고생문이 열린 상.

이마에 생기는 크고 작은 붉은 반점은 재난을 당할 징조이므로 조심해야 한다.

### ●●●● 코 : 코끝이 밑을 향한 사람은 속을 털어놓지 않는다

코끝이 아래로 향한 사람은 내심을 털어놓지 않는 반면 코끝이 위를 향해 있는 사람은 비밀을 유지하지 못하는 개방적인 성격이다. 비틀어진 코는 솔직하지 못하고 가정도 불행하다. 교묘한 꾀는 많으나 사업에 기복이 심하다.

코의 모양이 좋으며 큰 것은 길하되 얼굴에 비해 크면 만년에 고독해진다. 얼굴과의 균형이 중요하다.

얼굴이 크며 코가 작은 사람은 갑부로 태어나도 재산을 파할 상이며 코가 작으면 중년 운과 만년 운이 안 좋다. 특히 여난으로 재산을 탕진하는 경우가 많다.

코가 길고 살집이 좋으면 동정심이 많고 온순하며 오래 산다.

코가 짧은 사람은 상속 운이 없으며 부모 재산을 잃거나 분가를 하는 불운이 있다.

코가 뿌리부터 솟아오른 사람은 두뇌가 명석하고 명예심이 강하여 감투를 쓸 상.

코가 이마에서부터 전체적으로 내려감이 없이 높은 코는 미인을 아내로 맞을 상인 대신 재혼할 운세.

예로부터 코뿌리가 낮은 남성은 자존심이나 명예심이 거의 없는 게으름뱅이로 일생 하천하게 지낸다. 여성의 경우 지성도 윤리의식도 없는 대신 성욕이 강한 음란한 상.

코끝 부위 준두(準頭)의 살이 둥글고 봉긋한 사람은 명예심이 강하고 재복이 따른다.

준두가 뾰족한 사람 역시 명예심이 강하며 손재주가 많고 아이디어도 풍부하다. 그로 인한 성공 운은 없다.

코의 좌우 봉긋한 부분 금갑(金甲)이 펑퍼짐하고 넓은 사람은 강한 생활력과 왕성한 에너지를 가졌다. 부귀 상으로 두뇌 명석하고 실리에 밝아 이재 운(理財運)이 있지만 미신에 좌우되는 경향이 있다.

금갑살이 통통한 여자는 유방이 크다. 남자는 귀두가 크다. 생리중인 여성은 금갑에 붉은 기가 있다.

금갑에 점이 있으면 뜻밖의 손해수가 있으므로 도박은 금물.

●●● 귀 : 귀살이 튀어나온 사람은 주식투자에 부적합

귀의 윗부분이 뾰족한 사람은 이해타산에 능해 은혜를 원수로 갚는다. 윗 부분이 결락된 사람 역시 배은망덕하며 약삭빠르다.

무가족수. 귀살이 튀어나온 사람은 실행력이 부족하고 투기성의 일에는 맞지 않는다. 귀 위가 튀어나온

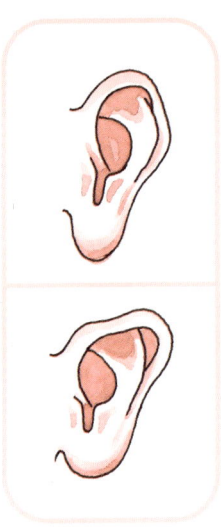

사람은 파란만장한 삶을 살 운세. 얼굴에 비해 유독 귀가 늘 붉은 여자는 음란하며 남자의 경우 역시 호색가이다.

귀뿌리가 불그레한 여성도 남자를 밝힌다. 귀의 혈색은 그 사람의 혈액 순환 관계와 생활의 활력 여부와 대체로 연관이 있는 까닭으로 성생활을 짐작할 수 있기 때문이다.

귓바퀴가 크고 밖으로 나와 있는 여성의 귀는 복상으로 명랑한 성격에 남자 운이 따른다.

귓바퀴가 풍부하지 못한 여성은 남편복도 없고 결혼에 실패하기 쉽다. 귓구멍에 돌기해 있는 부분 곧 풍당(風當)이 작은 사람은 단명하나 손금의 생명선이 긴 경우는 예외이다.

귓구멍에 머리카락 같은 터럭은 이호(耳毫)라고 불리는 귀물로서 장수의 상이므로 기르는 것이 좋다.

바른쪽 귀가 왼쪽 귀에 비해 유난히 작은 경우 어머니와 생이별하거나 아버지보다 먼저 여의는 등 어머니와의 인연이 적으며 왼쪽 귀가 작은 경우는 아버지와의 인연이 적다.

●●● 인중 : 인중이 짧고 얕게 파였으면 지구력이 없다

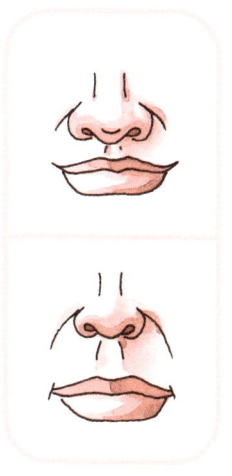

인중이 긴 사람은 장수하며 재물복도 있다. 반면 인중이 짧고 홈이 얕은 사람은 지구력이 없고 도의심도 결여되어 있다. 인중이 뚜렷한 사람은 교육자나 종교인 등의 직업에 적합하다.

인중이 유난히 가는 사람은 생

활고에 시달리며 소심한 겁쟁이 상이다.

  인중 밑이 뾰족하면 남아를, 둥근 사람은 딸을 많이 둔다. 인중이 밑으로 갈수록 넓어지면 아들, 인중이 위아래가 직선이면 남녀아 반반이다. 인중의 위는 넓고 밑이 좁으면 나이가 들수록 생활이 빈한할 상.

  인중 양옆은 식록(食祿)이라 부르며 이곳이 넓고 풍부한 사람은 생계 걱정 없는 부자상. 식록이 좁은 사람은 그 반대이다.

  코의 좌우 둥근 부분을 말하는 금갑(金甲) 부근에서 식록에 걸쳐 팥만한 점이나 혹이 있는 사람은 일생 먹을 것 걱정이 없다.

  인중이 굵고 깊은 사람은 생식력이 강하며 인중이 얕고 흐린 사람, 파인 홈이 거의 없는 사람은 인내력도 없고 생식력도 없다.

**입과 치아**

●●● 입 : 입을 보고 그 사람의 생활력을 본다

입의 크기는 좌우 눈동자의 중심 사이의 간격보다 가로 길이가 길면 큰 입, 그보다 짧으면 작은 입이다.

입매의 끝이 아래로 처진 입은 의지력과 신념이 강하고 기백이 있다. 완고한 대신 마음이 따뜻하다. 입선이 위로 올라간 형은 사교에 능한 사람으로서 호감을 많이 사지만 분위기에 도취되기 쉽다. 문예방면의 소질도 뛰어나다.

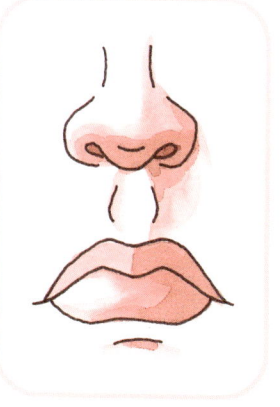

입에 탄력이 있고 적당히 살이 있으며 웃을 때 입이 크게 열리는 사람은 생활

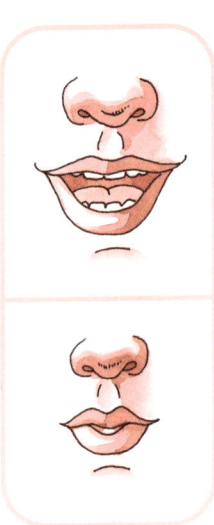

욕이 강하고 진취적이며 금전운이 따른다. 입이 작은 남자는 소심하고 생각하는 범위도 좁아 규모가 큰 사업을 하지 못한다.

반면 입이 작은 여자는 얌전하고 조신하며 근면한 데다 남편에게 잘한다. 옆에서 보아 입이 조그맣게 들어가 보이는 여성은 소극적, 내성적이며 온화하다.

입이 큰 여성은 활달하고 대개는 사교적이며 생활력이 강해 무능한 남편도 먹여 살린다. 이성이나 성행위에도 적극적이며 대범하다. 단 크기만 하고 살에 탄력이 없으며 엷은 입은 애정 문제에 차갑다.

입술의 살집과 탄력 유무, 그리고 두께 등은 여성의 성감과 밀접한 관계가 있으며 입술의 두께는 여성의 음순 두께와 반비례하는 경향이 있다. 일반적으로 음순이 얇으면 성감이 강하다.

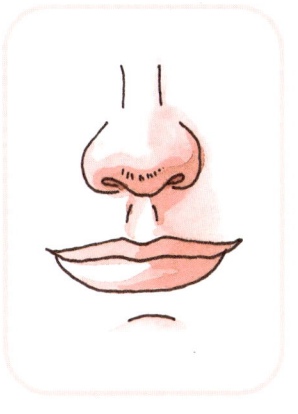

입술이 두터운 사람은 남녀 모두 미각이 발달되어 있다. 입술이 얇은 여자는 요리에 서투르며 일류 요리사는 거의 아랫입술이 두터운 사람이다.

입술이 작고 얇은 데다 뒷머리가 밋밋한 여성은 대개 이기적이다. 윗입술의 선이 직선적이며 깔끔한 사람은 가풍이 정직 성실하며 자제력이 강하고 청결하며 매우 도덕적이다. 여성이라면 양심적이고 진지해서 정조관념이 강하고 유혹에 넘어가지 않는다. 비록 입술이 두텁고 정욕적으로 보이더라도 윗입술의 매음새가 탄력적이며 뚜렷한 입매의 여성은 연령에 무관

하게 정조관념이 강하며 한계를 분명히 그을 줄 안다.

옆에서 보아 윗입술이 아랫입술을 지그시 누르고 있는 상은 조숙하며 첫 이성경험도 빠르다. 향락적이며 게으른 사람도 많이 나타난다. 윗입술이 아랫입술의 안쪽에 감겨 들어가 아래쪽으로 오므라진 입은 남에게 트집을 잘 잡고 시무룩하며 신경질적이다. 입의 앞쪽에서 윗입술이 부풀어 올라 있는 여자는 유혹에 잘 넘어가고 자만심이 강한 천성을 지녔다.

윗입술이든 아랫입술이든 입술에 점이 있는 여성은 음부에도 점이 있는데 냉증이 많고 냉감증인 경향이 있다.

아랫입술에 점이 있는 사람은 여자는 남난, 남자는 여난의 상이다. 윗입술에 점이 있는 남녀는 모두 수난(水難)의 상이다. 입술의 점은 악상이긴 하지만 좋은 운도 있어서 남녀를 불문하고 못 먹을 걱정은 없다. 입술에 상처가 있는 사람은 남녀 모두 금전 운이 나쁘며 한가운데에 있을수록 안 좋다.

　입술에 제로주름이 많이 있는 여자는 다산(多産)한다. 입술이 검은 남녀는 모두 성기의 색깔 역시 그러하며 여성인 경우는 유두 부분도 검다. 중년 남자의 입술이 여자처럼 붉은 경우 호흡기 계통의 질환을 앓고 있는 징후. 핏기 없이 희고 창백한 입술을 지닌 여자는 냉감증에 유산을 쉽게 하는 체질.

●●●●이 : 이를 보고 그 사람의 장래성과 성격을 본다

　잇몸이 잘 생긴 사람은 언어에 진실이 있다.

　이 사이가 떠 있거나 치열이 불규칙하면 품성이 조야하고 거짓말을 잘하는 경향이 있다.

　잇몸이 못생긴 여자는 고집이 세고 성급해서 남편이나 시부모와 자주 충돌한다. 치열이 고르지 못한 남자는 성적으로 아주 무능하거나 심하게 성욕이 과하거나 둘 중 하나이다. 치열이 불규칙한 것은 생식작용

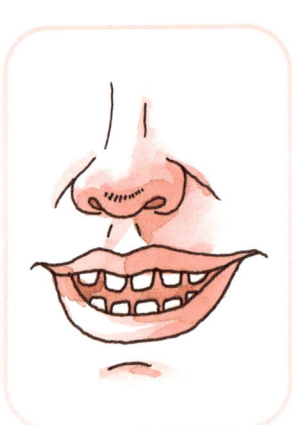

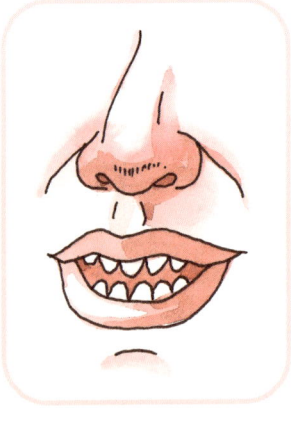

이나 저작, 영양을 다스리는 자율신경에 이상이 있기 때문이다.

뾰족한 이는 빈틈없는 타산가형이다. 공격적이며 그에 따라 생애에도 굴곡이 많다. 작은 이는 인내심과 끈기가 매우 강하고 근면한 형. 이가 큰 사람은 활동적인 직업에 맞으며 금전 운과 명예 운도 있다.

이가 검은 사람은 황음(荒淫)하다. 이러한 사람의 입술도 역시 검붉은데 음란한 상이다.

이는 엷은 노란 색이 보

통이며 검거나 너무 흰 것은 좋지 않다. 흰 이는 마골(馬骨)이라 하여 천상(賤相)으로 친다. 뿐더러 이러한 이는 뜨거운 것을 잘 먹지 못한다.

다른 이들이 모두 나쁘더라도 앞니가 튼튼한 사람은 성행위능력에 이상이 없으며, 어금니를 뽑고 틀니를 한 사람은 연령을 불문하고 성기능에 감퇴현상을 가져온다.

덧니가 난 사람은 솔직하며 말을 잘하고 마음속의 느낌을 얼굴빛에 쉽게 나타낸다.

이가 안쪽으로 나 있는 옥니는 대개 의뭉스러우며 진심을 잘 털어놓지 않는 모략꾼일 경우가 많다.

앞니가 양쪽으로 벌어져 틈이 나 있는 사람은 처자복이 별로 없고 횡사할 상으로 교통사고 같은 것에 주의해야 한다.

앞니의 한쪽 모서리가 떨어져 나간 사람은 한쪽 부모를 일찍 여의거나 별거해서 살아야 하는 운.

앞니 사이에 송곳니가 생겨 앞니가 세 개처럼 보이는 남녀는 모두 황음의 상으로 몸가짐이 안 좋다.

앞니 사이가 너무 심하게 벌어져 있는 사람은 단명할 팔자로 육친과의 연도 희박하며 부모 생존 중에 불효한다.

앞니 두 개가 모두 송곳니처럼 뾰족한 사람은 성질이 광포하고 형제간에 정도 없으며 주인을 배반하는 반역지상이다. 앞니가 세 개인 자는 사람을 상해하는 악상에 도벽까지 겸해 있다.

앞니가 옆으로 쏠려 있는 사람은 성격이 삐뚤어진 데다 호언을 좋아하는 성실하지 못한 성격이다.

앞니 사이에 작은 이가 난 사람은 옹고집으로 친구나 친지들과 사이가 안 좋으며 고고하다.

잘고 가지런한 이를 가진 사람은 구두쇠이다. 앞니가 두 개 겹쳐난 사람은 대단한 비방꾼으로 파멸을 초래한다.

앞니가 입 안으로 구부러진 사람은 집념이 특히 강하며 모욕받은 일은 절대 잊는 법이 없다. 대신 초지일관한 생활 자세를 유지하며 인내심도 강하다.

###  터럭

**터럭 모양에도 궁합이 있다**

터럭 중에서도 인간의 성격을 가장 잘 드러내고 있는 것은 머리카락과 눈썹, 음모이다. 젊어서 머리가 희어지는 남자는 내생식기에 결함이 있는 경우가 많으며 정력부족이다.

백발이 왼쪽에 많은 남자는 아버지와, 오른쪽에 많

은 경우는 어머니와의 인연이 적으며 여자인 경우는 이와 반대이다. 곱슬머리는 쉽게 싫증을 잘 내며 인내심이 없다. 직업도 자주 바꾸며 다음(多淫)의 상.

수염 끝이 꼬부라져 있을 때는 현재 하고 있는 일이 순조롭지 못하고 현재 대단히 고통스럽다는 표시이다.

솜털도 보기엔 짙을 정도로 수염이 난 여성은 호르몬 이상으로 생식기에 고장이 난 사람이 많다. 팔에 솜털이 많은 여자도 마찬가지이다. 털이 너무 없어서 수족이 매끈한 남자는 그 방면에 호기심은 많지만 정력이 부족한 상. 수염이나 볼 수염이 빨간 남성은 만년에 고독할 상이며 경계하는 것이 좋다.

음모가 다이아몬드형으로 나 있는 '남면'과 남면보다 더 넓게 배꼽 근처까지 나 있는 '유녀면(遊女面)'의 여성은 섹스가 강하다. 음모에도 상성이 있는 것으로 남면 또는 유녀면은 음모가 역삼각형으로 나 있는 '여면'과 잘 맞는다.

## 8 턱
**뒤턱이 팽팽한 사람은 불굴의 정신**

턱은 만년 운을 나타낸다. 턱이 쓸쓸하고 빈약한 사람은 만년에 크게 되는 일은 드물다. 아래턱이 작고 빈약한 여성의 경우는 이혼수도 있다.

팽팽한 뒤턱은 온갖 난관에도 불구, 일을 강력하게 밀고 나가는 추진력과 불굴의 정신의 소유자이다. 사랑에 있어서도 견실한 태도를 지키며, 진보적인 성향의 일에 맞는다.

턱에 가로줄이 있으면 거주지로 고생을 할 운이며 십자 주름이 있는 상은 송사에 패소할 수.

네모진 턱은 성격이 완고하고 고집이 세며 남에게 지기를 싫어해서 타인의 미움을 산다.

 둥근 턱은 가정과 사랑이 깊고 풍부하며, 뾰족한 턱은 지적인 성향이 강하다.

 아랫입술에서 턱끝까지 길며 턱이 넓은 사람은 진지하고 근면하며 사랑도 깊다. 의리도 강하고 애처가이다. 단 턱끝이 조금 뾰족하다 싶을 정도로 내밀어 있으면 은혜를 원수로 갚기도 하고 이삿수가 많다.

 여성이 이와 같은 상일 경우 성깔이 있을 것처럼 보이는 것과는 다르게 부모형제를 진심으로 위하며 마음이 온순한 호인이라 할 수 있다. 옆에서 보아 앞으로 내밀어 있는 턱일수록 정열적이다.

 앞에서 보면 가늘고 옆에서 보면 비스듬히 내려간 턱은 자기의 감정을 극단적으로 표현하는 형. 센티멘틀하며 참을성이 없고 불안정하다.

 아래턱이 이중턱인 여성은 만년 운이 좋다. 젊어서

는 마르고 수척해 보이는 체형일지라도 나이가 먹을수록 몸에 살이 붙는 형이기도 하다.

이중턱을 지닌 남성은 남의 집 대를 이을 상으로 자기 집 재산은 상속받지 못한다. 바꿔 말해 자기 집 재산을 파하지 않고 남의 집 재산을 차지하는 행운의 상이다.

 **볼**

**볼우물은 만년운이 나쁘다**

계란형 얼굴로서 밑이 세모꼴이면 말만 앞서고 실행력이 없으며 위가 뾰족하면 행동력이 있다.

얼굴에 세로 주름이 하

나 있는 상은 남을 도와주고도 배반당할 상이니, 매사를 너그럽고 낙천적으로 즐기는 자세가 필요하다. 관자놀이에 옆주름이 있는 사람은 평생 이성문제로 고민할 상이다.

볼이 풍만하여 광대뼈가 높은 사람은 너그럽고 인정도 많으며 부하의 결점을 용서할 줄 아는 도량도 넓어서 큰 사업을 이룩하는 상.

볼이 홀쭉한 사람은 포용력이 결핍되었다.

이마가 넓고 볼이 홀쭉한 남성은 손윗사람의 은혜를 원수로 갚는 형. 큰 사업에는 부적합하다.

볼의 살이 홀쭉하고 패어 있는 여성은 쉽게 감정적이 되며 눈앞에 일만 생각하고 자기 잘못을 남에게 돌리는 경향이 있다.

볼우물이 생기는 것은 보기에는 좋을지 모르나, 젊어서는 재능을 인정받으면서 만년에 불운할 상.

볼이 풍만한 여성은 가슴이 크다. 남자를 알게 되어 관계를 가진 여자는 새로이 정액을 흡수할 때마다 피부가 탄력을 잃고 목이 굵어지기 시작한다.

## 10 손의 모양을 보는 법

왼손은 선천 운을, 오른손은 후천 운을 나타낸다. 일반적으로 깍지를 낄 때 위에 올라오는 손을 주로 해서 본다.

손가락 마디의 장단으로 그 사람의 성격과 재능을 구별할 수 있다. 위에서부터 세어 첫째 마디, 둘째, 셋째 마디가 된다.

●●● 엄지 : 손을 내밀 때 엄지손가락이 벌어지는 사
람은 독선적이며 낭비가 있다

 엄지의 첫마디는 의지력과 체력, 둘째 마디는 정신적인 면, 신경체계 등을, 손바닥의 일부가 되어 마디 상으로 나타나지 않는 셋째 마디는 영양 상태나 물질욕, 대인 관계 등을 보여준다.

 엄지의 두 마디의 길이가 거의 비슷한 사람은 사려 깊고 분별력이 있는 성격으로 원만하면서도 결단력을 겸비한 호상이지만 대부분의 사람이 다르다.

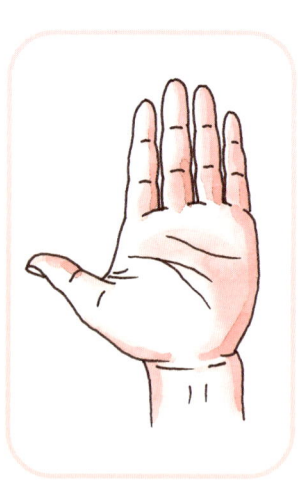

 첫째 마디가 길고 둘째 마디가 짧은 사람은 완고하며 독불장군형.

 둘째 마디가 길고 첫째 마디가 짧은 형은 실천력

이 모자란 사색형. 당연히 사업보다는 학문 등에 적합하다.

엄지의 첫째 마디가 젖혀진 사람으로서 그 각도가 클수록 낭비가 심하며 도박벽이 있다.

엄지가 직선으로 뻗어지지 않고 구부러지는 사람은 생가가 몰락할 징조. 왼쪽이면 아버지 쪽이 오른쪽이면 어머니 쪽이다.

엄지 아래에 튀어나온 뼈, 관골(關骨)이 높은 사람은 참모진이 많은 상.

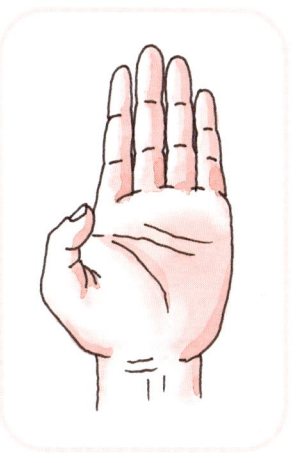

주위의 조언과 도움을 많이 받거나 그로 인해 난관을 넘어가는 상이다.

관골이 전혀 나와 있지 않은 상은 옹고집형으로 남의 미움을 많이 받으므로 스스로에 대한 반성이 필요하다.

새끼손가락 아래의 뼈, 완골(腕骨)이 나온 사람은 지력은 강하지만 신경이 너무 예민해서 고생을 자초하는 상.

여유 있는 마음을 갖고 주위의 여건과 사람들을 너그럽고 유연하게 대하는 자세가 필요하다.

손을 내밀 때 엄지를 활짝 벌리는 사람은 활달하고 선심도 잘 쓰지만 조금 경박하다.

독립심도 강하고 남성적인 매력도 있지만 독선적이며 심한 낭비벽을 지녔다.

엄지를 안쪽으로 구부려 내놓은 사람은 매우 실리적이며 물질욕도 강하다.

엄지를 인지에 붙이는 이런 남성은 언제나 분수를 지키며 꼼꼼하고 견실한 사람이다.

엄지가 짧은 사람은 성급해서 남과 잘 다툰다.

### ●●● 인지 : 인지의 첫마디가 길고 뾰족한 사람은 어학에 재능

인지의 첫째 마디는 종교적 마음, 둘째는 야심, 셋째는 지배욕을 나타낸다.

인지의 첫마디가 다른 마디보다 길고 끝이 뾰족한 사람은 어학에 대한 재능이 비상하다.

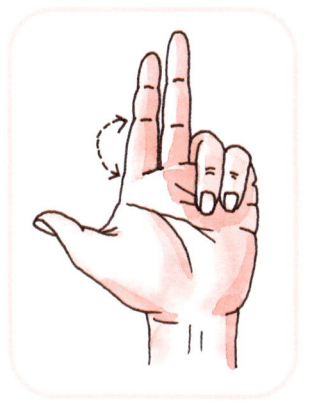

손가락 끝이 뾰족한 느낌을 주는 사람은 신앙심이 깊고 물질욕이 담백하며 신비한 것에 대한 취향이 있다. 이러한 인지를 가진 남성은 책임감이 매우 강한데 이성을 한 나머지 오히려 상대를 떠나가는 수도 있다. 플라토닉한 교류를 중시하는 사람이다.

둘째 마디가 긴 야심가형의 사람은 어떠한 난관에

부딪쳐도 좌절하지 않고 야심을 불태운다. 남의 지시나 속박을 받기 싫어해서 자기 멋대로 하는 경향이 있다. 셋째 마디가 긴 남성은 우두머리가 될 상이나, 이 마디가 너무 길면 안하무인격이 되어 남의 불행에도 개의치 않는 이기적인 성격의 소유자라 할 수 있다.

무의식적으로 손을 벌렸을 때 중지, 약지, 새끼손가락은 붙어 있는데 인지는 떨어져 있는 사람이 있다. 이런 사람은 배타성이 강해서 대인 관계가 서투른 사람이다.

● ● ● ● 중지 : 중지 둘째 마디가 길면 전문직업인, 짧으면 실업자상

중지의 첫째 마디는 우울, 둘째 마디는 기구를 다루는 재능, 셋째 마디는 욕망의 강약을 나타낸다.

중지가 특별하게 긴 사람은 선천적으로 색마의 소질을 타고 났으며 여자들이 잘 따른다.

첫째 마디가 긴 사람은 매사에 비관적이며 내향적이며 적극성이 모자란다. 반항하기보다는 순종하는 형.

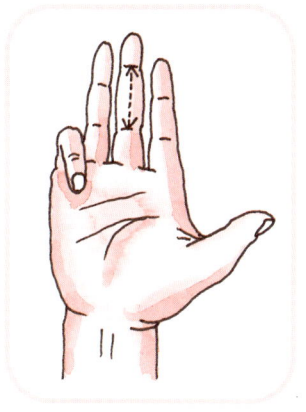

 둘째 마디가 긴 사람은 정신적이든 육체적이든 전문기술을 지니고 있어서 먹을 것에 대한 걱정이 없다.

 기계를 다루는 것을 좋아하며 수학적인 능력이 뛰어난 사람도 많다. 이 마디가 짧은 사람은 불성실하며 실업자가 되기 쉬운 상.

 셋째 마디가 너무 긴 것은 좋지 않다. 실천력은 없으면서 욕망만 커서 괴로워하는 상이기 때문이다. 이러한 형중에는 불평불만가나 염세주의자도 많다. 둘째 마디마저 짧은 사람은 일생 운이 트이지 않는다.

중지가 자기를 나타낸다면 인지는 남을 의지하고 약지는 배우자 내지 육친을 의미한다. 중지가 약지 쪽으로 휜 사람은 부모나 형제, 혹은 배우자에게 의존하는 상. 약지가 중지 쪽으로 기댄 듯하다면 육친이나 배우자가 일생 그에게 의지할 상.

인지가 중지 쪽으로 기울어져 있다면 육친과는 멀어지는 대신 남을 도와주게 될 상이다. 요약하면 중지는 그 사람의 독립성의 정도를 나타낸다.

### ●●● 약지 : 약지가 길면 예술적 천재형

첫째 마디가 길면 양의 기운이 많은 사람이다.

약지가 보기 좋게 뻗은 사람은 예술적 재능을 타고났지만 특히 둘째 마디가 긴 사람은 더욱 그러하다. 이 마디가 특별하게 길면 예술적 천재형이다.

약지가 매우 길어 중지와 비슷한 사람들은 도박사적인 승부심리가 있으며 날카로운 영감의 소유자들이 많다. 셋째 마디가 긴 사람들은 더더욱 영감이 풍부한 사람이다.

● ● ● 새끼손가락 : 짧은 새끼손가락은 자식 복이 없다

자식과의 인연을 보여주는 손가락.

첫째 마디는 언변 능력, 둘째 마디는 인내심과 끈기, 셋째 마디는 근면성을 보여준다.

손가락을 가지런히 모았을 때 통상 새끼손가락의 끝은 약지의 첫째 마디를 넘지만 미치지 못하는 사람이 있다. 남녀 모두 무자식상.

자식이 없는 사람들은 대체로 이 손가락이 짧다.

자식이 있는데도 새끼손가락이 짧다면 불효자식을 두거나 자식이 그 자리에 없는 가운데 외롭게 임종을 마칠 상. 혹은 효자 효녀를 둔다면 본인이 불시에 횡사하거나 객사할 상이므로 평소에 가정교육에 신경을 쓰고 찬찬한 성품을 기르는 것이 좋다.

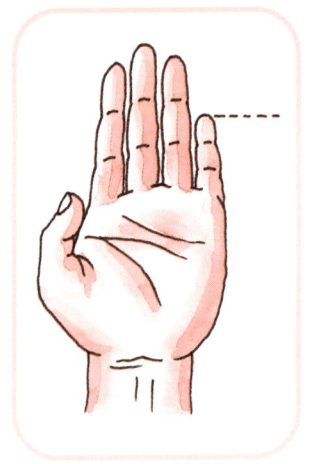

새끼손가락이 긴 남녀는 모두 정력이 왕성하지만 너무 길어서 약지와 맞먹는 사람은 거짓말을 잘 한다.

왼손 새끼손가락이 약지의 첫째 마디를 지나면 딸을, 오른쪽이 그렇다면 아들을 둘 것을 뜻한다.

또, 아버지의 왼쪽은 짧은 대신 오른 쪽은 길다면 예컨대 외동딸을 둔 경우 친딸보다는 사위와 필연적으로 가까워질 운명이다.

●●●손톱 : 손톱이 양옆을 파고들수록 질투심이 많다

손톱이 긴 사람은 온순하고 여유가 있으며 군것질을 좋아한다. 짧은 사람은 성미도 급하며 술을 좋아한다. 단 손가락의 길고 짧음과는 관계가 없다.

네모진 손톱의 사람은 손재주가 없으며, 짧고 옆으로 퍼진 사람은 정력이 왕성하고 고집이 세다.

 손톱 끝이 젖혀진 사람은 너그럽고 명랑하다. 손톱이 두터운 사람은 열정적이며 얇은 사람은 거짓말을 잘한다. 손톱이 짧고 마디가 있는 여성은 바가지를 잘 긁으며 신경질적이다.

 손톱에 세로줄이 있다면 피로하다는 증거이며, 손톱 뿌리 부분이 둥글지 않고 수평인 사람은 심장이 약하다.

 양 옆으로 손톱이 파고든 사람일수록 질투심이 강하며 히스테릭하다. 손톱이 살 속으로 깊이 파고 들어가 있는 사람들은 장난기도 심하고 자기를 반성하는 면이 적다.

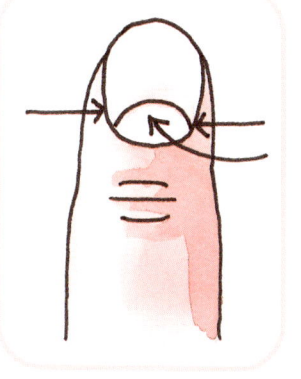

손톱을 깨무는 버릇은 신경질이 나타난 것이다.

걷기를 좋아하는 사람일수록 새끼손가락에 월륜(손톱 아래에 생기는 반달이나 초승달 모양의 하얀 부위)이 생기는 수가 많다. 또 여성으로서 그런 경우에는 성감이 좋은 경우가 많다.

### ●●● 손의 차고 따뜻함

손이 차가운 여성은 마음이 따뜻하며 내성적이고 한번 믿은 상대는 끝까지 따른다. 손이 따뜻한 사람은 실제로는 성급한 사람이 많다. 자기 과신을 하며 속단을 잘하지만 호기심은 왕성하다.

체격에 비해서 손이 큰 사람은 정밀함이 요구되는 직업에 적합하며 잔글씨를 잘 쓰는 편이다. 반대로 손이 작은 사람은 잔일에는 서투르며 성격도 대범하고 글씨도 크게 쓴다.

# 제2장 관상학의 기초

 **관인팔법**

인상의 예비지식을 위해서 〈마의상법(麻衣相法)〉의 관인팔법을 알아두는 것은 많은 도움이 될 것이다. 이것은 사람의 체모를 여덟 가지로 나누어 그 유형에 따라 빈부귀천을 판단한 것이다.

●●●● 위(威) - 위맹지상형

신색이 절로 엄숙 늠름하고 용맹한 기운이 있어, 보는 이로 하여금 두려움을 느끼게 하는 사람이다. 주로 권세를 누린다.

● ● ● 후(厚) - 우중지상형

사람됨이 두텁고 무게감이 있어 끌어도 흔들어도 조금도 동요하지 않는 상이다. 복록을 누린다.

● ● ● 청수지상

이 상은 티 없이 맑고 깨끗하며 준수해 보이는 상으로 속기에 물든 흔적이 없다. 그러나 청수하기만 하고 후중하지 못하면 박복 경박해질 위험이 있다.

● ● ● 고괴지상

얼굴이 괴이하게 생긴 것이다. 뼈가 솟고 거칠어 보

이는 상으로 깨끗함이 없으면 도리어 속물에 가까워지며 대체로 고독하고 빈천하다.

도인, 종교계에서 명성을 떨치는 상. 옆에서 보면 코를 중심으로 볼록 튀어

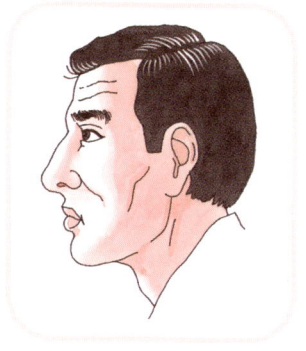

나온 상으로서 매사에 적극적인 반면 기획성이 부족하여 번번이 실패하기 쉽다. 이런 상의 소유자로서 냉철한 판단력을 기르면 반드시 성공한다.

● ● ● 고한지상

형골이 수척하고 지극히 외로워 보이는데 목은 길고, 어깨는 좁으며 안면이

빈약하고 다리가 가늘고 비꼬이며 두골이 이지러져 있고, 앉아 있을 때 몸을 흔들고 걷는 모습도 쓰러질 듯한 외롭고 처량 맞아 보이는 상이다.

이런 상의 소유자는 만사에 자신이 없고 사업상의 성공 따위와도 거리가 멀다.

● ● ● **박약지상**

체격이 작고 약하며 가벼워 보이고 기가 약해 그 행동이 경하고 늘 겁을 먹은 듯이 보이는 상이다.

대개 가난하고 하천하게 되는데 만일 의식이 넉넉하면 반드시 단명한다. 자기 수양에 힘써 도덕과 교양을 함양할 필요가 있다.

### ●●● 악완지상

 체모가 흉악하고, 음성이 의뭉 흉측하며 성품에도 조금도 고매한 점이 없는 상이다. 인간으로서는 최하등 상이며 범죄자들에 흔하다. 그러나 이런 사람이라도 자기 수양에 힘쓰고 그 심정을 아름답게 가지면 흉악한 외모로 인한 재앙을 면할 수도 있다.

### ●●● 속탁지상

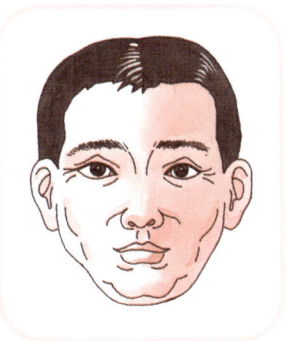

 사람의 형모가 혼탁하여 깨끗지 못하고 누추해 보이는 상으로 의식의 구애를 받지 않는다 하더라도 크게 성공하지 못할뿐더

러, 남의 밑에서 고용살이를 하는 신세를 면치 못한다.

##  12가지 유형별 얼굴과 운세

●●● **정원(正圓)형**

얼굴의 둘레가 O자 모양으로 둥근 사람. 체질상 영양질로서 살집이 풍만하고 형상이 불콰하다. 호인형으로 영양형의 단점을 가장 많이 갖고 있다.

명랑하고 낙천적인 성격, 만사가 순조롭고 사교성도 좋지만 일정한 사상이나 확고한 목표가 없기 때문에 주위 환경의 변화에 따라서 부침이 많다.

무절제한 성생활이나 도박에 탐닉하여 일신을 망치

기도 한다. 남자상이 이와 같은데 안색이 희고 살이 찌되 어딘가 애처로운 빛이 감돌면 삼십 전에 요사한다.

이런 상으로 오관이 모두 좋으면 재산을 얻게 되나 오관 중 상관이 좋지 않으면 부귀와는 전혀 연이 없게 되며 손해를 끼치는 사람도 만나게 된다.

여자의 상이 이와 같으면 부모의 덕을 보지 못할 뿐만 아니라 외로운 살격이 너무 커서 그 살기를 감추지 못한다. 남편의 궁이 거푸된 격이 있으면 능히 수를 하지만 그렇지 않을 시는 중년에 횡사함을 조심해야 한다.

### ● ● ● 장원(長圓)형

계란형의 얼굴로 여자들에게 많다. 침착 냉담하며 이지적인 성격이 주를 이룬다. 소란스러운 분위기나 환경에 말려들지 않고 자신을 지킬 줄 아는 사람이다. 대인 관계도 원만하여 친근감을 안겨주는 인상적인

상. 포부는 원대하나 남을 업신여기지는 않는다. 남자인 경우는 무뚝뚝하고 거만해 보이며 게으른 경향이 있다.

사소한 일에는 관심을 두지 않다가 일이 급박해지면 서두르는 형. 공무원이나 관리직 등에 근무하면서 착실히 자기가 맡은 직무를 처리해 나가는 것이 적합한, 보수적이고 완고한 성격.

### ●●● 입구(口)형 혹은 전(田)자형

입구 자 모양으로 정사각형. 네 귀가 풍만하고 강골에 근육질로서 장부형이다. 성격이 급하고 거칠며 용감하고 부지런한 성격. 이마와 코, 턱이 균형이 잡히고 살집이 풍만하면 부귀를 누린다. 이관이 좋으면 작은 지위를, 상관이 좋으면 정상의 위에 오른다.

반면 살집이 없어 뼈가 두드러지게 나오거나 흰빛이 과하게 있으면 수를 못하게 된다.

뿐더러 의식이 부족하고 상처수가 있으며, 노동자나 건달신세를 피하지 못하며 술을 좋아하고 시비를 일삼는다. 검은빛이 있으면 수와 부를 겸하고 처자 모두 길하나, 오관이 밝지 못하면 부를 누릴 수는 있어도 귀하지 못하고 아들이 없을 것이다.

활동적인 직업상으로 군인, 정치가, 사업가가 많다. 운동에도 소질이 있다. 여자가 이 상을 타고났으면 신수는 남자와 같고 흰빛이 있으면 수를 누리게 된다. 팔자가 세어 고독하거나 고집이 세다.

### ●●● 동(同)자형

약간 길게 네모진 형. 이 형을 가진 사람으로서 육부가 풍만하고 오악이 솟았으면 일생 의식 걱정을 하지 않는다.

성격이 온화하고 대륙적이며 강유를 겸비, 덕이 있고 처사가 공명정대하다. 관계, 경제계 모두에 성공할 상.

초년, 중년, 말년이 한결같이 길하며 이관이 좋으면 공명을 얻게 되고, 삼관이 좋으면 관록을 얻게 되며 사관이 좋으면 재상이 되고, 오관이 좋으면 평생 부유한 생활을 누리며 아내가 착하고 아들이 귀하며 장수한다.

여자의 상도 남자의 신수와 똑같이 좋다.

### ●●● 목(目)자형

얼굴 네 귀가 모가 진 듯 하면서도 길고 좁은 사람. 감정이 예민하고 재치가 있으며 총명한 대신 국량이 좁고 신경질이 많아서 대인 관계가 쉽지 못하다.

초년에는 부하고 넉넉하게 살아도 이십세가 지나면 가산을 잃고 자손 운도 나쁘다. 한 가지 일에 몰두하는 성격으로 꼼꼼한 주의력이 필요한 기술직이나 조각 등과 같은 예술 방면에 적합하다.

이러한 형을 가진 여자는 독하고 까다로워 시댁살이가 어려우며 이혼을 하거나 재취수가 있다.

수는 팔십을 넘는다. 남녀 모두 오관이 비록 좋아도 아무 소용이 없다.

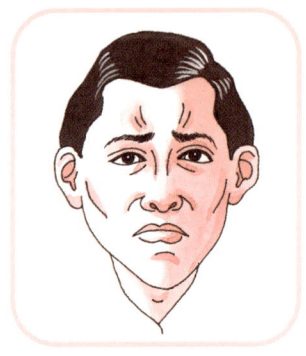

### ●●●● 신(申)자형

이마와 턱이 좁은 반면 관골 부위가 유독 솟아오른 일명 다이아몬드형이다.

의자가 강하고 근면하며 마음이 독한 경향이 있다. 한 가지 일에 몰두하면 어지간한 장애나 남의 이목에 개의치 않고 계획대로 추진하는 고집이 있다.

초년에는 육친의 덕이 없고 일신이 고독하나 중년(30세)부터는 자수성가하여 안락한 생활을 누린다.

말년에는 재변을 만나 일시에 몰락하는 수가 있으므로 조심해야 한다. 삼관이 좋으면 명예가 있고 오관이 좋으면 수가 많을 상. 산근이 꺼져 들어가 축이 있으면 평생 동안 수고롭고 분주하므로 밖으로 나가 일을 도모하면 길하다.

오관이 모두 좋지 못한 사람은 일생 빈한 곤고할 상. 여자는 남자와 같다.

### ●●● 갑(甲)자형

이마와 골판 부위는 넓고 좋으나 턱이 아래로 뾰족한 형.

성격이나 품행이 일정치가 못하다. 어떤 때는 급하고 어떤 때는 느리고 때로는 후하다가도 때론 박해서 사람됨의 좋고 나쁨을 가늠하기가 모호하다.

청수한 면을 지니고 있다면 중년에 이르러 복록을 받으며 조상의 음덕을 입게 되고 공명을 이룰 상. 중품 정도의 관직을 얻을 수 있다.

대인 관계가 원만치 못

하므로 사업보다는 관계나 교육, 철학, 예술, 혹은 기술 방면으로 나가면 길하다. 오관이 좋으면 귀함을 얻음도 가하나 오관이 안 좋을 시는 초년의 부를 잃고 가난하게 되어 말년에는 가족이 이산된다.

여자의 신수는 남자와 같다. 아들은 서너 명이 있고 심성과 성정이 총명하여 수를 누린다.

### ●●● 역삼각형

말 그대로 이마 부위만 넓게 발달되었있고 밑으로 갈수록 점점 좁아져 하관이 빠르고 턱이 뾰족한 얼굴. 심성질이다.

머리가 총명하고 관찰력이 풍부하나 성질이 급하고 까다로우며 신경질적이다. 관대한 면이 적으므로

사람을 통솔하는 지휘 계통의 경영자나 정치 등에는 부적합한 대신 교육자, 문학가, 종교, 예술방면에 적합하다.

● ● ● 유(由)자형

이마가 좁고 뾰족한 대신 광대뼈 아래에서 턱까지 넓고 풍부한 상.

하늘이 좁고 땅이 넓은 상이니 초년 운이 안 좋고 그 부모의 기업도 없으나, 중년이 되면서 복 운이 틔어 순탄하게 성공을 거두는 자수성가형이다. 오관이 뚜렷하고 좋으면 귀하게 되며 사궁이 모두 좋으면 변방의 요직에 나아간다.

여자 역시 수는 중년에 이루게 되며 오관이 좋을

시는 자손이 명망을 얻어 위엄을 지키게 된다. 아름다움만 있고 위엄이 없다면 평생에 복록이 부족할 상.

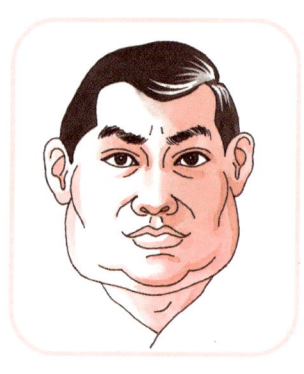

●●● 삼각형

이마 부위는 좁고 뾰족한 대신 아래로 내려 갈수록 넓어지며 턱 부위가 발달한 형.

고집이 세고 지능과도 거리가 있다. 신체가 건강하고 질병이 없으며 강한 생활력을 지닌 형.

●●● 풍(風)자형

이마는 보통이고 좌우 볼이 살찐 대신 귀 있는 곳이 꺼져 있는 형이다.

사교술에 능하고 명랑하니 투기벽이 있어 속성속패

한다. 낭비벽이 있어 유흥으로 모은 재산을 날리기도 한다. 한 가지 일에만 몰두하지 못하므로 이사를 자주 하거나 자주 직장을 옮긴다.

　용두사미격으로 매사를 그르치고 빈곤해질 가능성이 많다. 여자는 팔자가 세서 남편을 잃고 불행하게 할 상으로 화류계에 종사하기 쉬운 상.

●●● 쓸 용(用)자형

　얼굴이 단정치 못하고 이쪽저쪽으로 비뚤어지고 기울어진 형이다. 눈썹과 눈이 잡되고 어지러우며 코가 구부러지고 입이 비뚤어져 있으면 반드시 파산한 후 재기하게 된다.

남자는 오십 세 전후에 상처하고 아들을 잃고 고독에 빠진다. 여자는 남자와 같으나 몸이 부유하고 피부가 윤택하면 초년에는 의식 걱정이 없다.

●●●● 왕(王)자형

이마, 광대뼈, 턱뼈 쪽은 툭 불거져 나온 대신 좌우 눈 부위와 볼 쪽이 꺼져들어간 형.

일생 재산을 모으기가 어렵다. 부모의 유산을 받더라도 쉽게 잃고 자수성가를 도모해야 할 상. 처궁이 박하여 이별까지는 아니더라도 불화하며 자식 근심도 많다. 일생을 노력

해도 큰 재산을 만지지 못하지만 그렇다고 의식의 구애는 받지 않는 형이다. 처자 또한 복록이 없고 고생스런 일생을 보내게 된다.

오관이 단정하더라도 이름을 떨쳐도 이로움이 없고, 이로움이 있어도 이름을 얻지 못하여 재물과 녹이 온전치 못할 상이다.

여자의 상도 이와 같다. 여자는 초혼에 실패하고 재취하는 운이며 그렇지 않으면 평생 고독할 상.

## 3 눈썹

● ● ● ● 눈썹의 각 모양

### ● 1 엉킨 눈썹 교가미(交加眉)

이는 털이 한결 같은 모양으로 나지 않고 좌우로 질

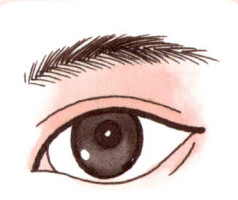
1. 엉킨 눈썹 : 교가미(交加眉)

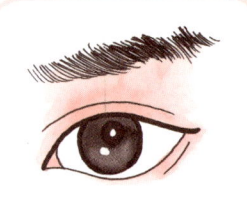
2. 도깨비 눈썹 : 귀미(鬼眉)

3. 흩어진 눈썹 : 소산미(疏散眉)

서없이 난 것을 말하는데 크게 흉한 격이다. 때문에 중년에 감옥에 갇히는 것을 면하지 못하고 가산도 파하며, 형제간에 불화하고 부모는 동서로 흩어진다. 동기간의 수는 독신 혹은 많아야 둘이다.

● 2 도깨비 눈썹 귀미(鬼眉)

눈썹이 거칠고 나쁘며, 눈을 내리누르는 듯한 형태로 이러한 사람은 마음이 불량하다. 겉으로는 인의(仁義)를 행하지만 속으로는 음침하고 독한 마음을 품었다. 그리고 만사에 마음 붙이는 일이 없고, 단지 남의 재물 훔치는 일만 연구하며 평생을 그르친다. 동기의 수는 3~4 형제라 본다.

### ● 3 흩어진 눈썹 소산미(疏散眉)

눈썹 털이 듬성듬성하고도 이리저리 흩어져 있는 것을 소산미라 한다.

이러한 눈썹을 가진 사람은 평생 재물의 실패가 많아 어렵게 벌어 남 좋은 일만 시킨다.

외모는 온화하나 내심은 냉담하며, 처음은 넉넉하나 나중에 실속이 없으며, 경영하는 일도 진전이 느리다. 동기의 수는 1~2 형제며 동서로 흩어져 사는 운이다.

### ● 4 버들눈썹 유엽미(柳葉眉)

모양이 마치 버들잎 같은 눈썹. 이러한 눈썹이 거친

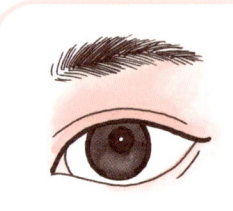
4. 버들눈썹 : 유엽미(柳葉眉)

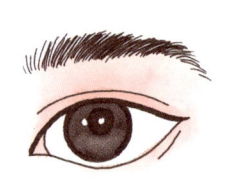
5. 용의 눈썹 : 용미(龍眉)

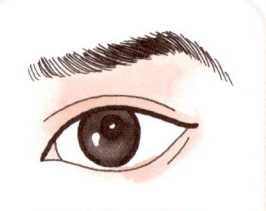
6. 칼 눈썹 : 검미(劍眉)

듯하고 탁해 보이면 친족 간의 정이 멀고 자식 운도 늦다. 하지만 탁한 가운데도 맑은 기색이 있으면, 친구를 사귐에 있어 충직하고 신의가 있으며 귀인과 사귀는 것을 좋아한다.

드디어는 귀인의 도움을 입어 뜻을 이루고 이름을 드날리게 된다. 동기의 수는 3, 4 형제 운이다.

● 5 용의 눈썹 용미(龍眉)

눈썹 모양이 수려하고 질서정연하며 털이 약간 드문듯 하면서 적당하여 위엄이 있어 보이는 눈썹. 이 눈썹은 대귀지상으로 6, 7명의 형제가 모두 관직에 오르며 부모는 장수하고 모두 귀하게 된다.

자신은 천하에 으뜸가는 재주를 지니며 무리를 통솔하는 높은 지위에 오른다.

### ● 6 칼 눈썹 검미(劍眉)

칼처럼 가지런하고 털이 곧고 짙은 눈썹을 말한다. 주로 부귀와 위가 있다.

눈썹이 수려하고 길면 부귀와 권위를 누리는 지상으로 지식이 넓고 권위를 누리는 지상으로 지식이 넓고 권위를 얻어서 가장 높은 분을 섬긴다.

비록 빈궁한 처지를 당할지라도 청귀(淸貴)하고 자손은 성하며 몸이 건강하고 수명도 길다.

동기의 수는 4~5 형제 운이나 눈썹의 길이가 짧으면 그만큼 줄어든다.

7. 소털눈썹 : 우모미 혹은 황박미

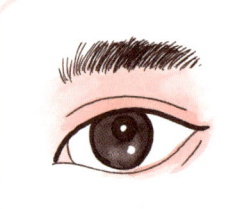
8. 사자눈썹 : 사자미(獅子眉)

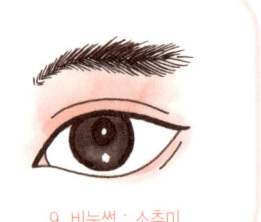
9. 비눈썹 : 소추미

● 7 소털눈썹
**우모미 혹은 황박미**

눈썹 털이 누렇고 짧고 너무 부드러워 소털 같은 것을 말하는데 무엇이든 주로 없애버리고 객사하기 쉬운 운명이다.

눈썹이 짧고 듬성하며 이리저리 흩어져 눈보다 짧으면 부모의 재산을 일찍 없애버린다.

정신이 흐리고 기가 약하여 다른 부위가 비록 좋더라도 복이 오래 가지 못하며, 타향에 나가 객사하기 쉽다. 형제 운이 좋지 않은데 형이 죽고 동생이 장자가 된다.

### ● 8 사자눈썹 사자미(獅子眉)

눈썹 털이 곧고 거칠고 짙으며 면적이 넓어 사자의 눈썹을 닮은 것을 말한다.

이러한 상을 가진 사람은 성공 운이 더디다. 만일 같은 형의 눈썹을 가진 배필을 만나면 부귀영화를 누리는데, 다만 동화력이 결핍되는 것은 어쩔 수가 없다. 동기의 수는 4~5 형제 운이다.

### ● 9 비눈썹 소추미

이 눈썹은 앞머리는 좁고 뒤는 성글며 눈썹이 사방으로 흩어지는, 마치 비처럼 생긴 모양의 것을 말한다. 이 눈썹이 앞은 맑고 꼬리가 성글며 눈썹 털이 흩어진 사람은 형제간에도 정이 없어 서로 시기한다.

동기간 수는 1~ 2 형제이며, 모두 그 후손이 없기

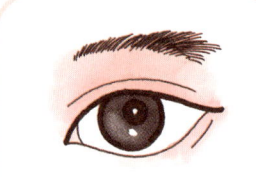
10. 전청후소미(前淸後疏眉)

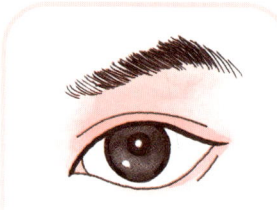
11. 뾰족한 칼 눈썹 : 첨도미(尖刀眉)

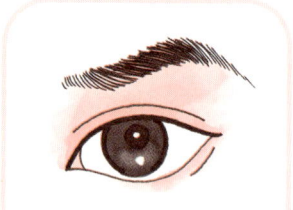
12. 경쾌한 눈썹 : 경청미(輕淸眉)

쉽고, 노년에 이르러 재물이 뜻한 대로 모여지지 않는다.

● **10 전청후소미(前淸後疏眉)**

머리는 청수해 보이고 끝은 흩어진 듯한 깨끗한 눈썹인데, 이처럼 흩어졌더라도 맑아 보이면 일찍 공명을 얻으며 재물은 보통이다.

중년과 말년에 명리를 성취하여 가문을 환하게 빛낼 운이다. 동기의 수는 3~4 형제 운이다.

### ● 11 뾰족한 칼 눈썹 첨도미

첨도(尖刀)란 끝이 뾰족한 칼인데 눈썹 모양이 이러함을 첨도미라 한다.

이러한 눈썹이 거칠고 나쁘게 보이면 성정이 흉포하고, 마음이 간사, 음험하며, 사람을 거짓으로 대하여 겉으로는 순한 체 꾸미는 자이다.

성격이 집요하며 흉악하고 사나우므로 형법을 범하고 그 몸을 상하게 된다. 동기의 수는 2~3 형제의 운이다.


### ● 12 경쾌한 눈썹 경청미(輕淸眉)

눈썹 모양이 경쾌하고 맑은 것을 경청미라 한다. 깨끗하고 준수하며 길게 휘어져 꼬리가 성글면 경청미의 올바른 격. 일찍 관직에 올라 쉽게 영화를 누린다.

형제간에 모두 화목하고, 교우관계도 처음과 끝이 한결같아 변함이 없다. 동기의 수는 5~6 형제 운이다.

13. 여덟팔자 눈썹 : 팔자미(八字眉)

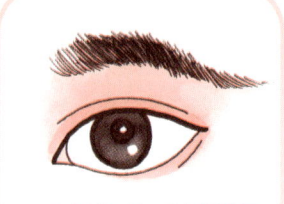

14. 짧은 눈썹 : 단촉수미(短促秀眉)

15. 나한미(羅漢眉)

● **13 여덟팔자 눈썹** 팔자미

좌우 눈썹을 함께 본 모양이 여덟팔자와 같은 것을 말한다. 주로 장수하는 상이다. 이러한 눈썹을 가진 사람이 머리가 듬성하고 눈썹 꼬리가 흩어져 간문(奸門)을 덮으면 늙도록 여러 번 장가들 운이나 그나마 아내와의 인연이 박하다. 자식운도 없어 양자를 두고 늙은 몸을 의지하나 재물은 평생 부족함이 없겠다. 동기간은 없으니 혼잣몸이다.

### ● 14 짧은 눈썹 단촉수미(短促秀眉)

 눈썹은 수려하나 짧은 것을 말하며 대개 청귀(淸貴)를 누리는 상. 이러한 눈썹을 가진 사람은 장수하고 고귀하게 된다. 재주가 뛰어나 시험에는 문무 모두 일찍이 통과하고, 관직에 올라 호탕한 호걸이라는 소리를 듣는다.

 조그만 약속이라도 평생 어김이 없으며, 충성스럽고 인자하며 청렴하여 존경을 받는다. 역시 자손도 고귀하게 된다. 동기의 수는 1~2 형제 운이다.


### ● 15 나한미(羅漢眉)

 나한미는 눈썹 중에서 매우 좋지 않은 상이다. 이 나한미를 지닌 자는 처운(妻運)이 나쁘고 자식이 늦으며, 일찍이 갖은 고초를 다 겪는다. 늦게서야 첩을 얻어 자식을 두게 되며, 아내의 몸에서는 자녀를 낳지 못한다. 고독하고 쓸쓸한 상. 동기의 수는 3형제이다.

16. 소라눈썹 : 선라미(旋螺眉)

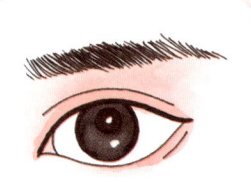

17. 일자눈썹 : 일자미(一字眉)

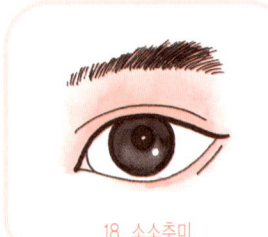

18. 소소추미

● **16 소라눈썹 선라미**

모양이 소라껍데기와 같은 것을 말하는데 매우 보기 드문 눈썹이다.

이러한 눈썹을 가진 사람은 권위를 얻어야 격에 부합되는 것으로 보통 사람은 불리하고, 영웅이나 군인의 신분은 천기의 응함을 받은 고로 강맹한 권력을 얻는다. 동기의 수는 1~2형제다.

● **17 일자눈썹 일자미**

눈썹 모양이 마치 한 일자 같은 것을 말한다.

눈썹 털이 맑고 눈썹머리와 꼬리가 모두 가지런하면 부귀와 장수를 누린다.

일직이 관직에 오르고 부부 사이는 화목하며, 흰머리가 되도록 해로한다. 동기의 수는 혼잣몸이다.


● 18 소소추미

눈썹이 작고 마치 비처럼 생긴 것을 말한다. 눈썹이 짙은 듯 굵은 듯하니, 털이 거칠지 않고 가지런하게 천창의 위치에 붙어, 꼬리가 마르지 않으면 부귀를 얻는 상이다.

다만 형제간에 무정하여 서로가 이별하고, 친족이 형상을 당한다. 동기의 수는 2~3 형제의 상이다.


● 19 와잠미(臥蠶眉) **누에눈썹**

눈썹이 마치 잠자는 누에처럼 생긴 것이다. 눈썹이 수려한 모양을 띠면 마음이 깊고 공교하므로 기회를

19. 와잠미(臥蠶眉) : 누에눈썹

20. 굵고 짧은 눈썹 : 대단촉미

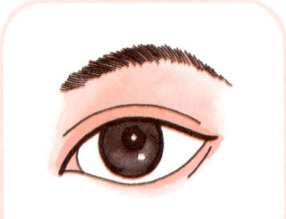

21. 초승달 눈썹 : 신월미(新月眉)

잘 잡아서 처세에 능란하다. 일찍이 관직에 오르지만 오직 두려운 것은 형제간에 화목하지 못한 것이다. 동기의 수는 4, 5 형제운이다.

● **20 굵고 짧은 눈썹**
 **대단촉미(大短促眉)**

짧아도 그 모양이 수려하고 맑으며, 꼬리에 약간 누런빛이 돌고, 눈썹머리가 세워진 듯하면 가장 좋은 상이다.

재물이 풍족하고 아내와는 화목하며, 형제의 운세

도 강하다. 8~9 형제 운.

### ● 21 초승달 눈썹 신월미(新月眉)

마치 초승달같이 생긴 모양으로 눈썹이 맑고 수려하면 가장 좋은 상으로 친다.

또는 눈썹이 천창 가까이 높게 붙으면 더욱 길격으로 본다. 많은 동기간을 만나 서로 사이가 좋으며, 자신은 높은 관직에 오르게 된다. 얼굴도 준수하고, 사람됨이 총명 고상하다. 동기의 수는 6, 7 형제다.

### ● 22 청수한 눈썹 청수미(淸秀眉)

눈썹이 수려하고, 길게 천창에 위치하고, 귀밑머리 부근까지 이르도록 길며, 맑고 깨끗한 것을 청수미라 한다. 이러한 눈썹을 가진 사람은 총명하여 일직이 관직에 오르며, 형제간의 우애가 깊고 명성을 크게 떨친다. 동기의 수는 2~3 형제로 모두 영화를 누린다.

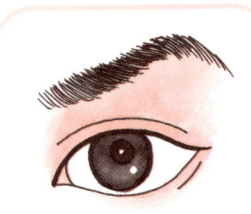
22. 청수한 눈썹 : 청수미(淸秀眉)

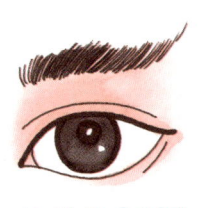
23. 범눈썹 : 호미(虎尾)

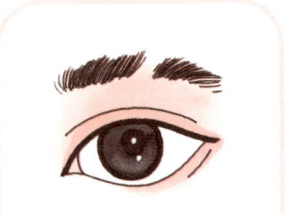
24. 끊긴 눈썹 : 간단미(間斷眉)

● **23 범눈썹 호미(虎尾)**

 이 눈썹은 길고 두터우며 거칠으나 위엄이 있어 범의 눈썹을 닮았다 하여 호미라고 한다. 이러한 눈썹을 가진 사람은 담이 크고 남에게 인정을 잘 베푸니 뜻을 이룬다.

 만일 매우 귀하게 되지 않으면 부자가 되고 수명 또한 길다. 다만 형제 운은 좋지 못하다. 동기의 수는 3~4 형제라 하나 결국은 이별하기 쉽다.

### ● 24 끊긴 눈썹 간단미(間斷眉)

이는 눈썹의 중간이 끊긴 것을 말한다. 이러한 눈썹에다 만일 털빛이 누렇고 희끗하거나, 흉 따위로 털의 모양이 갈쿠리지거나 이리저리 엉키면 형제간의 덕이 없으며 시비가 생겨 형상(刑傷)을 당한다.

재물의 성패가 많으며, 먼저 아비를 잃고 뒤에는 아내를 잃는다. 동기의 수는 2, 3 형제 격이다.

## 4 눈

### ●●●● 눈의 각 모양

### ● 1 용의 눈 용안(龍眼)

용안은 대귀지상이다. 눈이 길고 적당히 크며 눈초리가 이로 올라가고 위엄이 있어 보이는 눈을 용안이

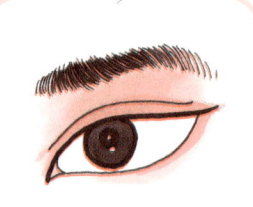
1. 용의 눈 : 용안(龍眼)

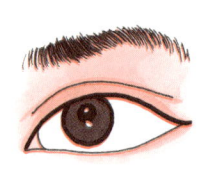
2. 봉의 눈 : 봉안

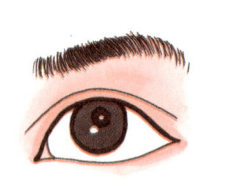
3. 소 눈 : 우안(牛眼)

라 한다. 흑백이 분명하고 광채를 발하면 정신이 강하여 신이 넉넉한 것이다.

이러한 상을 지닌 사람은 가장 높은 지위에 올라 국가의 중책을 맡아보며 그 받는 녹이 매우 무겁다.

● **2 봉의 눈** 봉안

봉황, 봉의 눈은 적당히 가늘고 길며 동자가 뚜렷하고 눈초리가 약간 위로 올라간 것이다.

눈빛이 영롱하고 수려한 사람은 정신이 총하고 지혜가 뛰어나기 때문에, 스스로 공명을 성취하여 남보다 뛰어난 지위에 오르게 된다. 영웅호걸의 기상이라 할 수 있다.

### ● 3 소 눈 우안(牛眼)

눈이 크고 동자가 둥글며 시력이 빠르며, 멀고 가까운 곳 보는 모양이 한결 같지 않다.

재물이 날로 일어나고 복록이 끊이지 않아 마침내는 거대한 부를 누릴 뿐 아니라 수명도 장수한다.

### ● 4 공작의 눈 공작안(孔雀眼)

눈의 생김새가 분명하고 밝으며, 동자가 검고 빛나는 것이 길격. 만일 푸른 기운이 많고 흰빛이 적으면 성품이 흉악하기 쉽다.

공작의 눈매를 지닌 사람은 소박하고 청렴결백하다. 또한 화순하고 온화하여 시종일관 운세가 왕성하고, 귀하게 되어 이름을 드날리며 부부간 에도 화목하다.

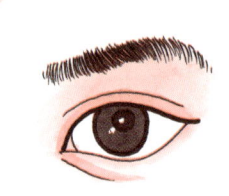
4. 공작의 눈 : 공작안(孔雀眼)

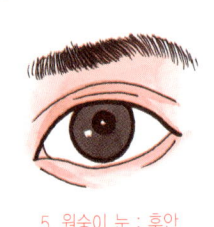
5. 원숭이 눈 : 후안

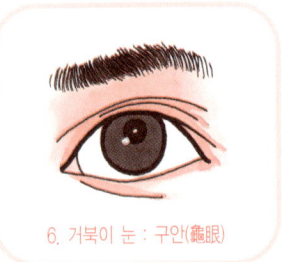
6. 거북이 눈 : 구안(龜眼)

● 5 원숭이 눈 후안

눈매가 원숭이 눈과 비슷한 모양이다. 동자는 검고 위쪽에 붙은 듯 하며 아래 위로 주름이 겹겹이 잡히고, 눈동자를 쉴새없이 움직이는 것이 이 눈의 제대로 된 격이다.

이러한 상을 가진 사람은 부귀를 온전하게 누리며, 특히 과일을 즐겨 먹는 편이다. 앉은 모습은 머리를 숙인 듯 하고 항상 사색에 잠겨있다. 일생을 편히 먹고 지내는 운.

### ● 6 거북이 눈 구안(龜眼)

이 눈은 동자가 동그랗고 수려하며, 위 눈꺼풀에 두어 가닥 잔주름이 있으며, 깜박거리기를 잘한다.

이러한 눈을 가진 사람은 일생 건강하고 장수하며 복록이 따른다. 재물이 항상 풍족하고 자손 대대로 오랫동안 영화를 누린다.

### ● 7 코끼리 눈 상안(象眼)

코끼리 눈은 상하에 물결 같은 무늬가 보기 좋게 잡히고, 모양이 수려하며, 눈이 가늘고 길어 인자하고 평화롭게 보인다.

이러한 눈을 가진 사람은 부귀하는 상이니 평생을 즐겁게 살아갈 뿐 아니라 수명도 매우 길다.

### ● 8 까치 눈 작안(鵲眼)

까치 눈을 닮은 형상을 말한다. 위에는 무늬가 있고

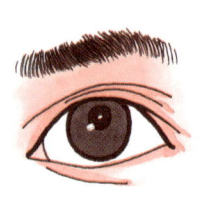
7. 코끼리 눈 : 상안(象眼)

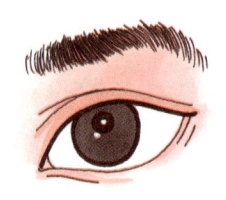
8. 까치 눈 : 작안(鵲眼)

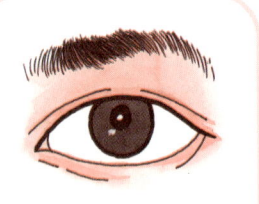
9. 원앙새 눈 : 원앙안(鴛鴦眼)

수려하며, 눈이 길면 평생 신의가 있고 충실하며 선량하다.

소년 시절에는 운을 품고 있어 담백하게 지내다가 말년에 크게 터져서 부귀를 누리며 사업 또한 번창하는 상이다.

● **9 원앙새 눈** 원앙안

원앙새 눈은 모양이 수려하고, 동자는 붉고 윤택하며 가느다란 금이 있고, 눈이 둥글고 튀어나온 듯한 것이다.

가느다란 금을 도화살

(桃花殺)이라 하여 음란하다고 본다.

그러나 부부간의 정이 좋으며 해로하나 부귀를 얻게 되면 음란해질 우려가 있다.

### ●10 우는 봉의 눈 명봉안(鳴鳳眼)

위에는 물결과 같은 아름다운 무늬가 있고 흑백이 분명하며, 시선은 환하게 광채가 나고, 동자가 불거져 나오지 않은 것이다.

이러한 상을 가진 사람은 포부가 높고 총명한데 중년부터 귀하게 되어 가문을 드높인다.

### ●11 조는 봉의 눈 수봉안(睡鳳眼)

봉황이 조는 듯한 눈.

눈매가 가늘고 길어도 요염하지 않으며, 사람을 바라볼 때 곁눈질이 없이 바르며, 항상 웃음을 띠고, 얼굴색이 순하며 곱고 수려한 모양이다.

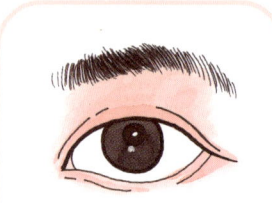
10. 우는 봉의 눈 : 명봉안(鳴鳳眼)

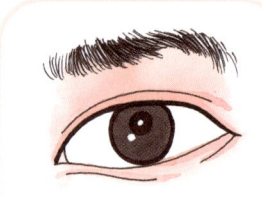
11. 조는 봉의 눈 : 수봉안(睡鳳眼)

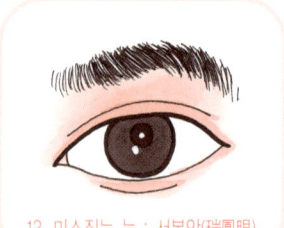
12. 미소짓는 눈 : 서봉안(瑞鳳眼)

이러한 눈을 가진 사람은 천성이 공명정대하고 국량과 재간이 커서 사람을 능히 용납하며, 족히 부귀를 누리게 되는 길한 상이다.

● **12 미소짓는 눈** 서봉안

좌우의 눈맵시가 뚜렷하고 흑백이 분명하며, 두 모양이 한결같고, 두 주름이 길게 잡혀 수려한 가운데 살짝 미소짓는 눈을 서봉안이라 한다.

이러한 눈을 가진 사람이 흘겨보되 동자가 움직

이지 않고, 신에 광채가 서리면 문장이 높고 높은 지위를 차지하며 이름을 후세에까지 널리 전한다.

### ● 13 사자 눈 사자안(獅子眼)

눈이 크고 동자도 큼직하며, 눈썹이 거친 듯 단정하며, 눈의 두 끝이 위로 치켜 올라가서 위엄이 있고, 용맹스러워 보이는 상이다.

이러한 눈을 가진 사람은 욕심이 없고, 사나운 듯하나 혹독하지 않으며, 충효와 절개를 신념으로 삼는다. 관직에 오르면 어진 마음으로 정치를 다스리는 사람으로 부귀영화가 끊이지 않는다.

효심이 깊고 장수하고 건강하며 마음이 편하여 크게 길한 상이다.

### ● 14 범 눈 호안(虎眼)

눈이 크고 동자는 옅은 금색 같으며, 동자는 짧았다

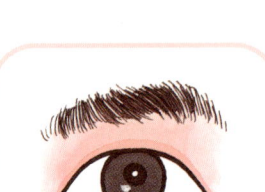
13. 사자 눈 : 사자안(獅子眼)

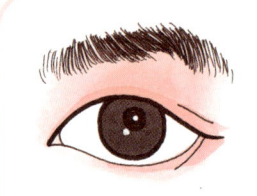
14. 범 눈 : 호안(虎眼)

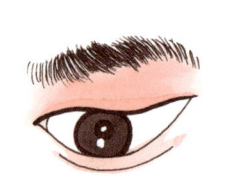
15. 황새의 눈 : 관안

혹 둥글었다 변함이 있고, 맹렬한 광채를 발하여 두려운 마음이 생기는 눈을 범 눈이라 한다.

이런 눈을 가진 사람은 성질이 강한 반면에 침중하여 근심이 없다. 부귀는 누리지만 말년에 자손의 형액수가 걱정된다.

● **15 황새의 눈** 관안

위 눈꺼풀에 물결 같이 수려한 주름이 간문까지 이르고, 흑백이 분명하며 동자가 수려하고 맑으면 황새 눈의 진격(眞格)이다.

이러한 눈을 가진 사람은 시선이 똑바르고 기울여 보지 않는 것이 길상이다.

 천성이 고상하고 현명하며 넓고 크니 중년에 크게 되는 귀한 상이다.

### ● 16 거위 눈 아안

 눈 위에 주름이 겹겹이 있고, 수려하며 사물을 보는 모습이 똑바르고, 눈이 길고 흰자위보다 검은자위가 많으면 거위 눈의 올바른 상이다.

 마음이 착하고 인자하여 깊이 안정되고, 복록과 경사가 끊이지 않고 이어져서, 늙어서도 경사가 자주 생긴다.

### ● 17 기러기 눈 안목(雁目)

 동자가 먹을 칠한 것 같이 검게 빛나고 살짝 황금색을 띠었으며, 위아래에 같은 모양의 주름이 길게 있으

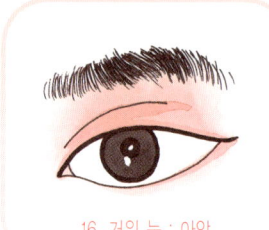
16. 거위 눈 : 아안

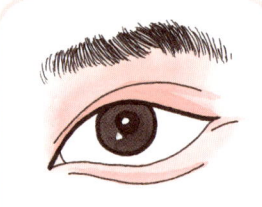
17. 기러기 눈 : 안목(雁目)

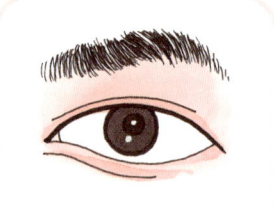
18. 짝짝이 눈 : 음양안(陰陽眼)

면 기러기 눈의 바른 격.

이러한 눈을 가진 사람은 정의감과 기개가 있고 덕망이 있으니 꽃다운 이름을 세상에 남긴다. 동기간도 역시 그러하다.

● **18 짝짝이 눈 음양안**

두 눈의 크기가 다르거나 동자의 크기가 다른 것을 말한다. 곁눈질을 하는 버릇이 있다.

정신은 활기 있고 눈에서는 광채가 사람을 쏘는 듯하다. 이 음양안을 가진 사람은 속마음이 좋지 못하다. 입으로만 올바른 체하고 성실성이 없는 것이 결점인데, 자신의 권모술수를 써서 권세를 얻고 부귀를 누린다.

### ● 19 돼지 눈 저안(猪眼)

흰자위는 흐릿하게 어둡고 눈망울이 솟았으며, 검은자위는 잿빛처럼 흑백이 분명하지 않다.

눈꺼풀이 두껍고 탄력이 없으며 잠에 취한 듯 몽롱하게 보인다. 성질이 흉포하고 재앙이 깊으니 부귀와는 인연이 없다.

결국 중죄를 범하고 형장에서 사망하기 쉬우며, 죽을 때에도 신체가 온전하지 못하다.

### ● 20 뱀 눈 사안(蛇眼)

뱀 눈이란 동자가 작고 동그랗게 솟았으며, 붉고 가는 금이 얽혀 있으며 몹시 가는 눈을 말한다.

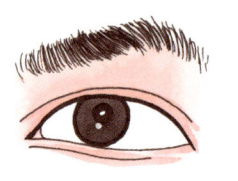
19. 돼지 눈 : 저안(猪眼)

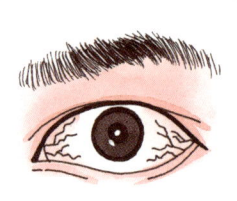
20. 뱀 눈 : 사안(蛇眼)

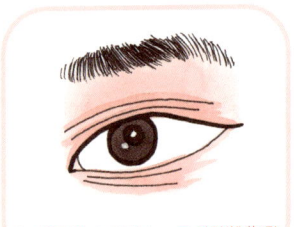
21. 음란하게 생긴 눈 : 도화안(桃花眼)

뱀 눈을 가진 사람은 마음이 사납고 독하기가 뱀 같으며, 매우 간사하여 남을 속이기를 예사로 한다.

성질이 흉악하고 사납기 때문에 인륜을 모르는 패악 무도한 자이다.

● **21 음란하게 생긴 눈**
**도화안(桃花眼)**

도화안이란 눈 속에 항상 물기가 마르지 않고, 사람을 만나면 웃음을 머금으며, 흘깃흘깃 훔쳐보기를 잘 하는 눈이다. 이러한 눈을 가진 사람은 남녀 모두 음란하고 간사하며 항상 사치와 오락을 즐긴다.


● 22 술 취한 눈 **취안(醉眼)**

붉은 색과 누런 색이 혼잡하며, 흘겨보는 습성이 있고, 술에 취한 듯 조는 듯 어리석은 듯 몽롱하게 보이는 눈을 취안이라 한다.

여자가 만일 이러한 눈을 가지면 음란하며, 남자는 도둑이다. 승도나 도사일지라도 역시 음란하고 허황하다.


● 23 학의 눈 **학안(鶴眼)**

눈매가 수려하고 정신이 맑으며, 흑백이 분명하고 광채가 나면 학안의 옳은 격이다.

이러한 상에 눈망울이 솟지 않으면 의지와 기개가 높고 총명하여 공명을 성취한다. 부귀를 누리며 마침내는 높은 지위에 오른다.

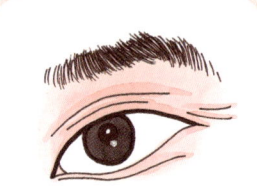
22. 술 취한 눈 : 취안(醉眼)

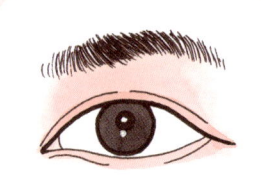
23. 학의 눈 : 학안(鶴眼)

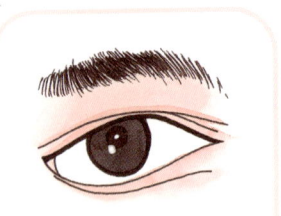
24. 양 눈 : 양안(羊眼)

● 24 양 눈 **양안(羊眼)**

흉악지상. 동자가 거무스레한 것도 같으며, 신이 맑지 못하며 흑백이 분명하지 않아 양의 동자와 흡사하면 성질이 흉악하다.

비록 유산이 있더라도 지키지 못하며 중년부터 실패하여 만년에는 극히 빈궁해진다.

● 25 비둘기 눈 **합안**

비둘기 눈이란 동자가 누렇고 작으며 양이 둥근 것이다. 머리와 무릎을 흔드는 버릇이 있으며 앉은 자세는 한쪽으로 기운다.

  이러한 상을 가진 사람은 남녀를 막론하고 음란하며 노력에 비하여 실속이 적다. 그러나 본래 총명하므로 작은 일은 성취하는 수도 있다.

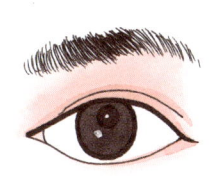

25. 비둘기 눈 : 합안

### ● 26 난새 눈 난안(鸞眼)

  준두가 둥글고 크며, 눈은 가늘고 길며 걸음이 급하고, 말할 때는 눈매가 고운 것이 난새 눈의 진격이다. 이러한 상을 가진 사람은 학식과 견문이 매우 넓어 크게 쓰임이 있는 재목

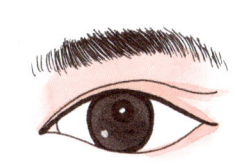

26. 난새 눈 : 난안(鸞眼)

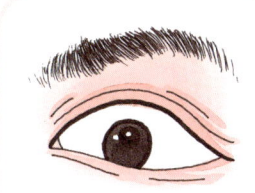

27. 이리 눈 : 낭목(狼目)

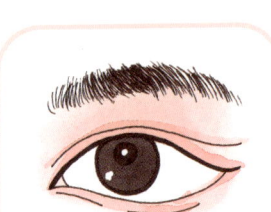
28. 엎드린 물소 눈 : 복서안(伏犀眼)

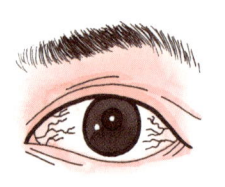
29. 물고기 눈 : 어안(魚眼)

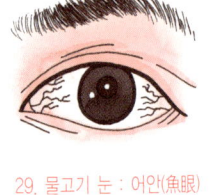
30. 말 눈 : 마안(馬眼)

이며 처복이 좋다.

 귀하게 되어 크게 중임을 맡는 상으로 직위가 일시 없다 하여 근심할 이유가 없다.

● **27 이리 눈** **낭목(狼目)**

 이리의 눈매를 닮은 사람이 동자가 누렇고 보는 시선이 뒤집힌 듯하면 사람됨이 비속하고 탐욕이 많다.

 또한 정신이 흐리고 경망스러우며 공연히 성질을 잘 내어 마치 미치광이 같은 행동으로 평생을 지낸다. 일생 빈궁하게 허송세월한다.


### ● 28 엎드린 물소 눈 복서안(伏犀眼)

 머리통이 둥글고, 눈이 크며, 눈썹이 짙다. 혹은 귓속에 긴 털이 있고, 몸집이 두텁고 풍성하면 올바른 격을 이루었다 한다.

 이러한 상을 가진 사람은 믿음이 있고 인자하며 성질이 맑고 깨끗하다. 부귀장수를 누리게 된다.


### ● 29 물고기 눈 어안(魚眼)

 물고기 눈은 눈망울이 튀어나오고 신이 어두우며, 항상 물기가 있고 먼 곳은 잘 보며 가까운 곳은 못 보는 눈이다.

 이러한 상을 가진 사람은 신과 기가 약하여 뜻밖의 죽음을 당하기 쉽다.

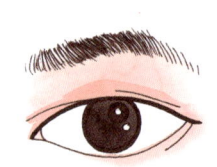
31. 사슴 눈 : 녹목(鹿目)

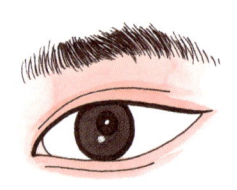
32. 곰 눈 : 웅목(熊目)

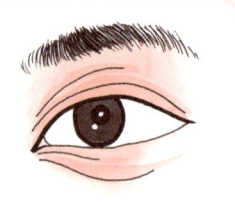
33. 해오라기 눈 : 노사안

● **30 말 눈** 마안(馬眼)

눈꺼풀이 늘어지고 삼각형이며, 눈망울이 튀어나와 광채가 흩어지고 슬픈 일이 없는데도 눈에 항상 물기가 마르지 않는다.

여기에다 얼굴은 마르고 피부는 쭈굴대는 것이 말상이다. 처자를 잃음은 물론이고 빈궁함을 벗어나지 못하며, 항상 부산하여 바쁜 가운데 쉬지 않고 일을 하는 운명이다.

자손이 끊기는 상.

### ● 31 사슴 눈 녹목(鹿目)

동자가 검고 눈꺼풀이 있는 모양이 길며, 걸음은 나는 듯 빠르며, 성품은 굳세나 의리에 소홀함이 있는 경향이 있다.

이러한 상을 가진 사람은 산림이 많은 깊은 곳에 은거하면 자연히 복록이 따른다.

### ● 32 곰 눈 웅목(熊目)

곰 눈은 체구에 비해 눈이 작고 동자가 둥글다.

성품이 돼지처럼 둔탁하며, 꾀가 없고 어리석어 우악한 힘을 믿고 무모하게 돌진하므로 노력만 허비할 뿐이다.

숨이 가빠 한 가지 자세로 오래 앉아 견디지 못한다. 자손 운이 나쁘고 재물도 없다.

그리고 죽을 때 편안하게 명을 마치기 어렵다.

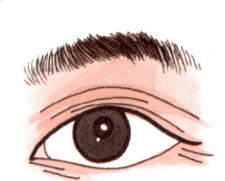
34. 원숭이 눈 : 원목(猿目)

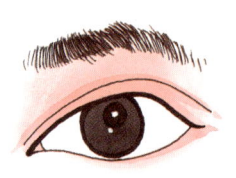
35. 제비 눈 : 연목(燕目)

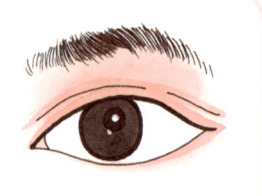
36. 자고새 눈 : 자고목

● **33 해오라기 눈** 노사안

해오라기 눈이란 눈이 누렇고, 몸매는 깨끗하여 때 묻지 않은 것 같고, 행동은 민첩하여 천성은 진실하다.

만일 눈썹이 짧고 아담한데 몸이 길쭉하고 다리가 수척하면 비록 큰 재산이 있다 하더라도 마침내는 빈궁해진다.

● **34 원숭이 눈** 원목(猿目)

원숭이 상은 눈이 누렇고 작으며, 잠잘 때도 눈꺼풀이 감겨지지 않으며, 마음이 교활하고 의심과 시기가 많다.

이러한 상을 가진 사람은 재주가 변변치 못해 헛된 이름만 나게 되나, 자식을 많이 두어 모두 영특하다. 그러나 큰 재목감이 되는 인물은 두지 못한다.

### ● 35 제비 눈 연목(燕目)

입이 작고 입술은 붉으며, 머리를 흔들고, 눈이 깊고 흑백이 분명하여 눈매가 밝게 보인다.

말이 조잘거리듯 빠르나 신의가 있고, 재간은 있으나 노력한 성과가 적어 빈궁함을 명하지 못한다.

### ● 36 자고새 눈 자고목

눈은 붉고 동자는 누렇고 얼굴은 붉은 빛을 띠고 머리를 흔들며 걸으니 그 모양이 가벼워 보이고, 몸집과 귀가 매우 작고 항상 땅을 보고 걷는 것 등이 자고새의 상이라 한다.

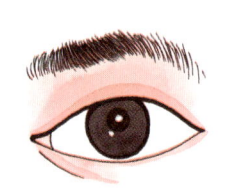
37. 가재 눈 : 오목

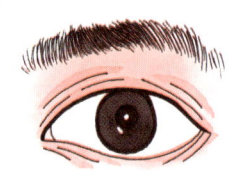
38. 게 눈 : 해목(蟹目)

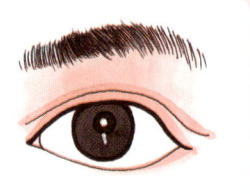
39. 고양이 눈 : 묘목(猫目)

이러한 상을 지닌 사람은 평생 넉넉한 때가 없다.

● **37 가재 눈** 오목

가재 눈은 둥글고 솟아 그 모양이 수복하게 보이며 항상 조심성이 많다.

이 눈을 가진 사람은 영웅이 당하게 되는 풍상을 당한다. 태세가 화운(火運)을 만나면 매우 길하다.

말년에 비록 영화는 얻게 되나 타고난 수명이 부족한 것이 흠이다.

### ● 38 게 눈 해목(蟹目)

게 눈을 가진 사람은 눈이 앞으로 튀어나온 것으로 눈이 작고 동자만 유난히 크다.

신을 감추지 못하고, 성질이 완고하며 우둔하다. 평생 강호(江湖)에 살기를 좋아하며 자손의 효도는 받기 어렵다. 의식은 족할 것이다.


### ● 39 고양이 눈 묘목(猫目)

둥그런 얼굴에 눈빛이 누렇고 성품은 온순하며, 생선을 즐겨 먹는다. 재주도 있고 인격도 갖추었으므로 자신의 임무를 잘 감당할 수 있다.

사람을 다루는 재간이 있으므로 남의 높임을 받게 되며 한가하게 말년을 지낸다.

## 5 코

●●●● 코의 각 모양

### ●1 용 코 용비(龍鼻)

용의 코는 풍성하고 준두 위가 가지런하며 산근이 곧게 솟아 콧대가 방정(方正)하여 굽거나 비뚤어지지 않으면 대귀(大貴)하여 꽃다운 이름을 세상에 날린다.

### ●2 호랑이 코 호비(虎鼻)

호랑이 코는 둥글고도 두툼하여 구멍이 보이지 않고, 난대, 정위가 없는 듯한 것이다.

기울거나 굽은 곳이 없이 산근이 크면 일생부귀를 누린다.

● **3 마늘 코** 산비(蒜鼻)

산근, 연상, 수상이 모두 평평하고 작으며, 난대, 정위와 준두가 풍만하여 마치 마늘과 같은 모양 이러한 코를 가진 사람은 형제간에 정이 두텁고 초년에는 고생하다가 중년과 말년에는 반드시 집안이 번창한다.

● **4 주머니 코** 성낭비

모양이 마치 주머니 같고, 난대, 정위가 작은 대신 둥글고 가지런한 모양을 말한다.

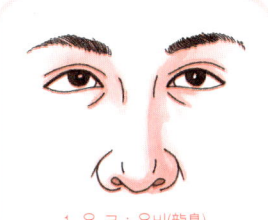
1. 용 코 : 용비(龍鼻)

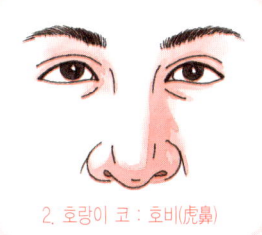
2. 호랑이 코 : 호비(虎鼻)

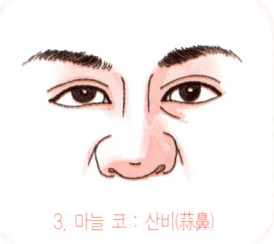
3. 마늘 코 : 산비(蒜鼻)

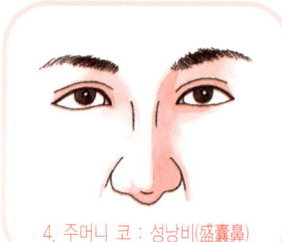

4. 주머니 코 : 성낭비(盛囊鼻)

이러한 코를 가진 사람은 초년부터 말년까지 재운이 좋고 크게 공명을 얻을 상이다.

● 5 호양비(胡羊鼻)

코가 크고 준두가 풍만하며, 난대, 정위의 모양이 가지런하며, 산근, 연상, 수상의 잔등뼈가 툭 솟은 상. 부귀 하는 상이다.

명리(名利)를 함께 얻어 마침내는 손가락에 꼽는 부자가 된다.

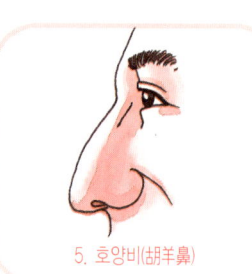

5. 호양비(胡羊鼻)

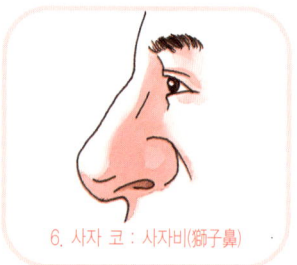

6. 사자 코 : 사자비(獅子鼻)

### ● 6 사자 코 사자비(獅子鼻)

산근, 연상, 수상이 약간 낮고 평평하며, 준두 위가 풍대(豊大)하고 난대, 정위가 가지런한 가운데 형체도 사자형과 같으면 진격으로 부귀를 누린다.

그러나 사자코에 사자형을 갖추지 못하면 재물이 생기나 헛되이 없애고 만다.

### ● 7 쓸개 코 현담비(懸膽鼻)

코가 마치 쓸개를 달아맨 것처럼 준두가 가지런하고 산근이 끊기지 않으며, 기울거나 비뚤어지지 않고, 난대, 정위가 균형을 이루고 있으면 대길한 상. 장년에 이르러 부귀영화가 무궁하다.

### ● 8 복서비(伏犀鼻)

산근의 뼈가 인당까지 곧게 솟아 천정에 뻗은 것을 복서비라 한다. 코가 풍성하되 살이 많지 않아야 하

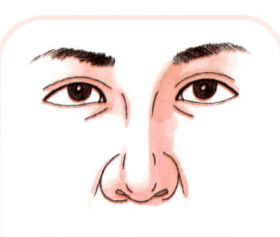
7. 쓸개 코 : 현담비(懸膽鼻)

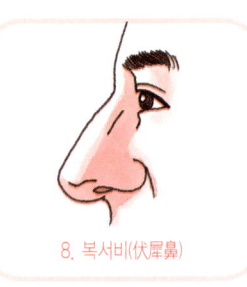
8. 복서비(伏犀鼻)

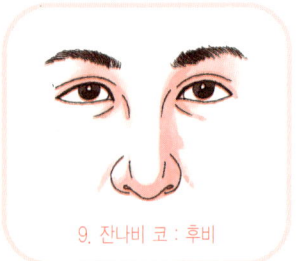
9. 잔나비 코 : 후비

고, 높이 솟되 뼈만 불거지지 않아야 한다.

정신이 맑아 영웅과 수재의 인격자이니 대귀하여 지위가 장관급 이상에 오른다.

● 9 잔나비 코 후비

산근과 연상, 수상이 평평하고도 크며, 난대, 정위가 분명한 가운데 겸하여 준두가 풍만해서 붉은 기운을 띠고, 구멍이 크게 보이지 않으면 부귀하는 상이다.

그러나 이와 같은 상은

의심이 많고 인색하며 간사한 꾀가 많은 것이 결점이며, 통간(通奸)으로 망신을 당할 수 있다.

### ● 10 매부리코 응취비(鷹嘴鼻)

코의 등마루가 툭 솟고 코끝이 뾰족하고 안으로 굽어 마치 매부리와 같은 코를 말한다.

이 코에 난대, 정위가 짧게 오므라지면 사람을 해치고 등쳐먹는 간악한 자이며 운세도 불리하다.

### ● 11 개 코 구비(狗鼻)

연상, 수상의 뼈가 봉우리 같이 솟고, 준두와 난대, 정위가 구분되어 있지 않으며, 콧구멍이 크게 보인다.

이런 코를 가진 사람은 비록 의리는 있으나 도벽이 많으므로 때에 따라 도둑질해서 의식을 메운다.

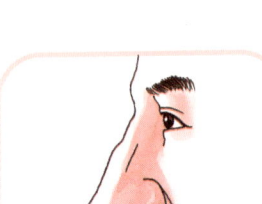
10. 매부리코 : 응취비(鷹嘴鼻)

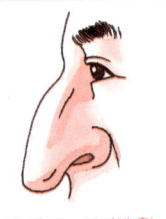
11. 개 코 : 구비(狗鼻)

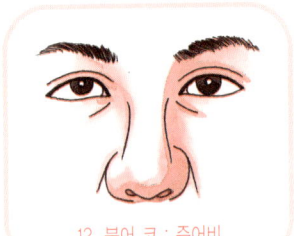
12. 붕어 코 : 즉어비

● **12 붕어 코** 즉어비

 연상, 수상이 높이 솟아 마치 물고기 등마루와 같고 산근이 가늘고 작으며 준두 끝이 늘어진 듯한 모습이다.

 이러한 코를 지닌 사람은 친족에 대한 정이 희박한데, 여기에다 눈망울이 나오고 흰자위가 많으면 평생 빈궁함을 면할 날이 없다.

● **13 소 코** 우비(牛鼻)

 이 코는 풍성하고 가지런한데 코뿌리가 깊이 박

히고, 난대, 정위의 모양이 분명하며, 연상, 수상이 높지도 않고 연약하지도 않다.

성품이 너그러워 금은보화가 자연 이르러 가계가 번성할 상이다.

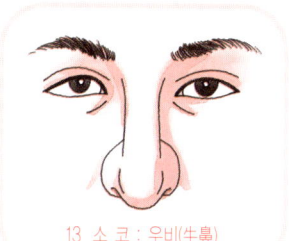
13. 소 코 : 우비(牛鼻)

### ● 14 절통비(截筒鼻)

준두가 가지런하고 곧게 뻗어 기울지 않으며 마치 둥근 통을 반으로 쪼갠 것과 같으면 부귀공명을 누리는 상이다.

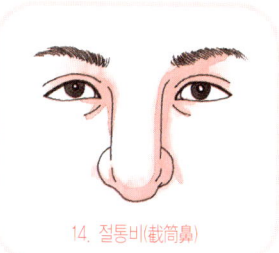
14. 절통비(截筒鼻)

산근이 약간 부드럽고 연·수상이 풍만하면 중

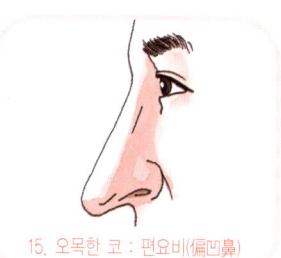
15. 오목한 코 : 편요비(偏凹鼻)

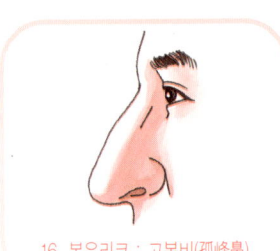
16. 봉우리코 : 고봉비(孤峰鼻)

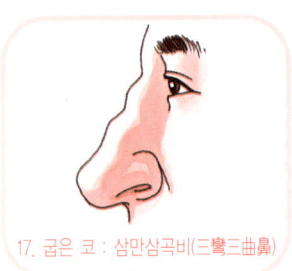
17. 굽은 코 : 삼만삼곡비(三彎三曲鼻)

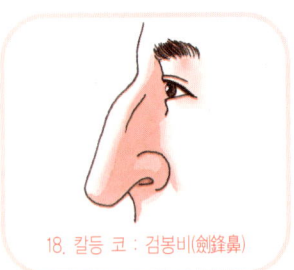
18. 칼등 코 : 검봉비(劍鋒鼻)

화지덕이 있어 중년에 부귀를 크게 누린다.

● **15 오목한 코** 편요비

이 코는 연상, 수상이 낮고 산근이 작으며, 코가 기울고 오목하며 바르지 못하며, 난대, 정위가 볼품없이 일그러진 것을 말한다.

이러한 상을 가진 자는 질병이 따르지 않으면 빈천하고 단명할 상이다.

● **16 봉우리코** 고봉비

준두에 살집이 없고 콧구멍이 열렸으며, 좌우의

관골이 낮고 작아서 코만 홀로 높게 솟은 것을 고봉비라 한다. 코가 비록 크더라도 고독한 상이니 승도(僧道)가 되는 것이 제격이다.

재물도 평생 모으지 못하고 곤궁하게 지낸다.

### ● 17 굽은 코 삼만삼곡비(三彎三曲鼻)

코가 세 번 휘어지면 반음살(反吟殺)이라 하고, 코가 세 번 굽으면 복음살(伏吟殺)이라 한다. 반음살을 가진 사람은 대가 끊기고, 복음살을 만난 자도 역시 자손의 액이 많으며 평생 눈물을 흘리고 산다.

### ● 18 칼등 코 검봉비(劍鋒鼻)

콧등이 칼등과 같이 높이 솟고 준두에 살이 없는 듯하며, 콧구멍이 빠끔하게 보이는 상을 검봉비라 한다.

이러한 상을 가진 사람은 형제와 인연이 없고 자식을 모두 잃으며, 성질도 흉악하다. 또한 간지궤계로 남

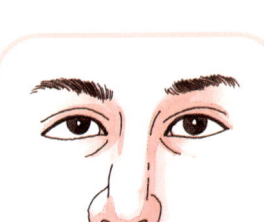

19. 노루코 : 장비(獐鼻)

20. 성성이 코 : 성비(猩鼻)

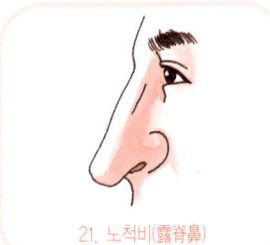

21. 노척비(露脊鼻)

을 속이며 고독 빈천하다.

● **19 노루코 장비(獐鼻)**

 콧대가 작고 준두가 뾰족하며, 난대, 정위의 구멍이 뻔히 보이고 잔주름이 많은 모습이다. 이러한 사람은 의리가 없고 질투가 많아 배은망덕한다. 노력한 보람이 없이 도로무공(徒勞無功)이고 조상의 터를 지키지 못하고 몇 번이고 실패를 면하지 못한다.

● **20 성성이 코 성비(猩鼻)**

 성성이의 상이란 콧대만

우뚝 솟은 것으로 눈썹과 눈 사이가 좁아 붙은 듯하고 머리털이 거칠다. 또한 얼굴은 넓고 입술은 거칠며, 몸집이 넓고 두텁다.

인품이 너그럽고 의리와 덕망을 중히 여기는 상으로 영걸의 칭호를 들으며 부귀를 누린다.

### ● 21 노척비(露脊鼻)

코에 살이 없어 잔등이 툭 불거지고, 산근이 작으며 모양이 조잡하고, 골격이 속되어 정신이 밝지 못한 상이다. 비록 운세가 평온하더라도 결국 고독하고 빈한함을 면하지 못한다.

### ● 22 노조비

코가 높고 긴 가운데 구멍이 크게 보이는 상이다. 이러한 사람은 갖은 고초를 다 겪고 항상 힘을 다하여 일하나 평생 궁핍하다. 마침내 타향에서 객사한다.

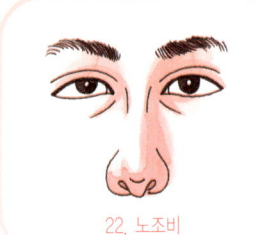
22. 노조비

### ● 23 사슴 코 녹비(鹿鼻)

코가 풍만하고 가지런하며 코끝이 둥그스름한 모양을 말한다. 너그럽고 걸음이 급하며 인자하고 의리가 있다. 잘 놀라며 의심도 많다.

침착성이 모자라 경솔한 행동을 하는 것이 흠이지만, 그래도 복록이 따라서 차차 부유하게 된다.

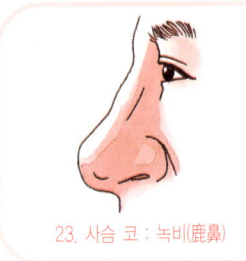
23. 사슴 코 : 녹비(鹿鼻)

24. 원숭이 코 : 원비(猿鼻)

### ● 24 원숭이 코 원비(猿鼻)

콧구멍이 몹시 작고 산근, 연상, 수상이 낮게 내려앉아 볼품이 없다.

여기에다 입이 뾰족하게 솟고, 행동은 미치광이처럼 방정맞으며 위엄이 없다.

또는 성품이 영악하고, 걸핏하면 놀라고 하찮은 일에 근심을 잘 한다.

이러한 상을 가진 자는 위아래를 구별 못하고 질투가 많으며, 남모르게 간계를 꾸밈으로 형액과 구설이 따른다.

## 6 입

● ● ● 입의 각 모양

● 1 넉 사자 입 사자구

입 모서리가 밝고, 입술은 두 끝이 가지런하며 약

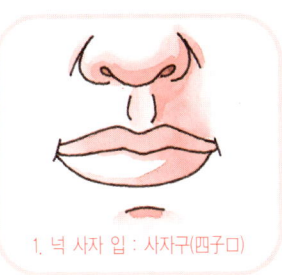

1. 넉 사자 입 : 사자구(四子口)

2. 방정한 입 : 방구(方口)

3. 반달 입 : 앙월구(仰月口)

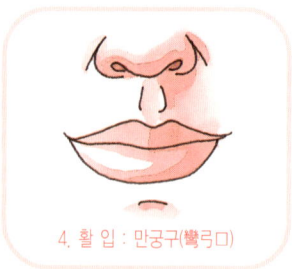
4. 활 입 : 만궁구(彎弓口)

간 위로 올라간 듯하여 아래로 처지지 않은 것을 말한다. 이러한 상을 가진 사람은 남보다 총명하고 학식이 많으며 높은 지위에 오르며 부귀를 누린다.

● **2 방정한 입** 방구(方口)

입을 다물면 사자 입과 흡사하게 모난 듯이 보이는 입을 말한다. 입술이 가지런하고 빛나며 윤택하고 주사(朱砂)가 드러나지 않아야 좋은 격이다.

이러한 입을 지닌 사람은 웃을 때도 이가 드러나

지 않고, 빛이 깨끗하고 희면 귀하게 되어 많은 급여를 얻고 부귀영화를 누린다.

### ● 3 반달 입 앙월구(仰月口)

입 모양은 두 끝이 위로 올라간 듯 반달모양으로 예쁜 입으로 이가 희며 입술이 말단(抹丹)처럼 붉은 것을 말한다.

이러한 입을 가진 사람은 문장과 학문이 뛰어나 이름을 크게 떨치고, 극진한 부귀를 누린다. 여자가 이러할 경우는 용모도 아름답고 복록이 그치지 않는다.

### ● 4 활 입 만궁구(彎弓口)

입이 활같이 휘었고 입술은 풍후하여 단선(丹鮮)과 같다. 이러한 입을 가진 사람은 정신이 맑고 기가 상쾌하여 귀중하게 쓰이는 재목으로 중년에 자연히 이름을 날리고 부귀를 누리게 된다.

5. 돼지 입 : 저구(猪口)

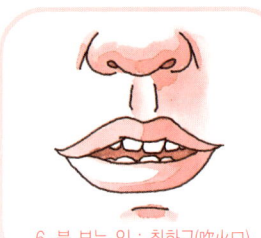
6. 불 부는 입 : 취화구(吹火口)

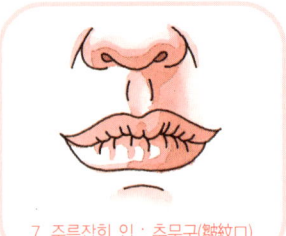
7. 주름잡힌 입 : 추문구(皺紋口)

● **5 돼지 입** 저구(猪口)

윗입술이 아랫입술보다 길고 거칠고 넓으며, 아랫입술은 뾰족하고 모가 작으며, 항상 침을 흘리는 모양이 돼지 입과 비슷하다.

이러한 상을 가진 자는 사람을 살살 속여 넘기고, 마음이 간험하며, 흉액이 많고 빈궁한데 대개는 길거리에 나가 비명에 객사하기 쉽다.

● **6 불 부는 입** 취화구

입이 마치 불 부는 듯 다물지 않고 동그랗게 앞으

로 벌리고 있는 상이다.

이러한 입을 가진 사람은 평생 빈궁함을 면치 못하며 또한 단명 한다.

### ● 7 주름잡힌 입 추문구(皺紋口)

입술이 오글오글하게 주름이 잡히고 말할 때는 우는 소리와 같으나 비록 장수하지만 고단함을 면하지 못한다.

이러한 입을 가진 사람은 위인 됨이 변변하지 못하여, 초년에는 부모덕으로 안락하나 말년에 모두 잃으며, 혹시 한 명의 아들을 두게 되더라도 단명하여 기르지 못한다.

집안에 사람이 잘 죽어 고독하게 지내는 상.

### ● 8 앵두 입 앵도구(櫻桃口)

앵두 입은 입술이 크고 연지를 찍은 듯 붉으며, 이

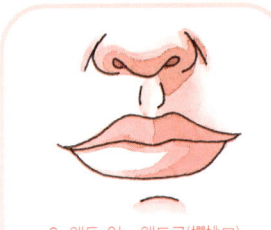
8. 앵두 입 : 앵도구(櫻桃口)

9. 소 입 : 우구(牛口)

10. 용 입 : 용구(龍口)

는 유자같이 빽빽하고 가지런하다.

웃을 때는 연꽃을 머금은 듯 아름답고, 정(情)이 부드럽고 맑으며, 총명하고 수려한 사람이다.

학식이 넓어 부와 귀를 함께 누린다.

● 9 소 입 **우구(牛口)**

소 입은 두 입술이 두툼하고 풍만하다. 평생 의록(衣祿)이 끊이지 않는다.

만일 흐린 가운데 맑은 기운을 띠면 심령이 공고하여 반드시 사업이 일생 번창하며 또 건강해서 매우 오래도록 산다.

### ● 10 용 입 **용구(龍口)**

용 입은 두 입술이 풍성하고 가지런하며 밝고, 구각(口角)이 맑고 기이한 것을 말한다.

이러한 상을 가진 사람은 커다란 권세를 누리고 통역하는 재주가 뛰어나 세상에서 보기 드문 귀함을 누린다.

### ● 11 호랑이 입 **호구(虎口)**

범의 입이란 입이 넓고 커서 능히 주먹이 들락날락 만한 것이다.

이러한 상을 가진 사람은 위엄과 덕망이 있으며, 귀하게 되거나 거부가 되어 재물을 쌓아놓고 영화를 누리는 상이다.

11. 호랑이 입 : 호구(虎口)

12. 양 입 : 양구(羊口)

13. 잔나비 입 : 후구

● **12 양 입 양구(羊口)**

윗수염이 없고 입이 뾰족하며 위아래 입술이 엷은 것을 양의 입이라 한다.

사람들이 좋아하지 않는 상으로 입이 뾰족하게 내밀어져 있어 개처럼 음식을 먹는다.

이러한 상을 가진 사람은 성격이 고약하고 흉액이 많으며 이루는 일없이 오랜 세월을 헛되이 보낸다.

● **13 잔나비 입 후구**

원숭이 상은 두 입술이 길어야 좋으며 입술이 대

를 쪼갠 듯이 곧으면 더욱 좋다.

  이러한 사람은 약간 인색한 면이 있으나 평생 의식이 풍족하고, 매우 오래 살며 건강하고 편안하다.


● **14 메기 입 점어구(鮎魚口)**

  메기 입이란 입이 크기만 하고 모양이 가지런하지 못하여 두 끝이 아래로 볼품없이 처져 있으며 입술은 엷고 둥글지 않다.

  이러한 입을 가진 사람은 흉상(凶相)으로 평생 빈천과 곤고함을 면할 날이 없고 비명횡사하기 쉽다.


● **15 붕어 입 즉어구**

  입이 작아 넓게 벌려지지 않고, 입술은 색깔이 분명치 않아서 마치 붕어 입같이 생긴 상으로 평생 의식이 넉넉하지 못하다.

  이러한 상에 겸하여, 기가 흐리고 입술이 말라 있으

14. 메기 입 : 점어구(鮎魚口)

15. 붕어 입 : 즉어구

16. 엎어진 배 모양의 입 : 복선구(覆船口)

면 하는 일마다 도무지 되는 일이 없고 무엇이든지 없애기만 한다.

### ● 16 엎어진 배 모양의 입
**복선구(覆船口)**

입 모양이 마치 배를 엎어놓은 것 같이 구각(口角)의 두 끝이 아래로 처지고, 입술이 쇠고기 빛과 같으면 동서로 떠돌아다니며 얻어먹는 상으로 평생 빈곤과 고초를 겪는다.

# 7 귀

● ● ● ● 귀의 각 모양

### ● 1 당나귀 귀 노이

윤곽도 있으며 두텁기도 하지만 당나귀 귀처럼 연약해 보이고 주(珠)도 빈약하다. 이러한 귀는 흉액이 많고 빈곤한 상으로 평생 분주하지만 소득이 없다.

수명은 길다.

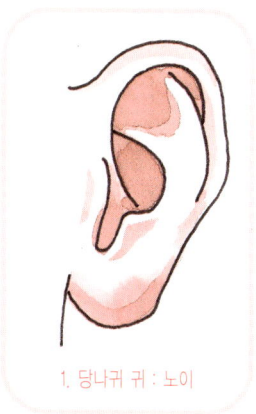

1. 당나귀 귀 : 노이

### ● 2 범 귀 호이(虎耳)

귀가 작고 윤곽이 모호하며, 귀가 잘 보이지 않는

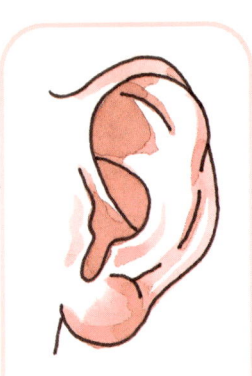

2. 범 귀 : 호이(虎耳)

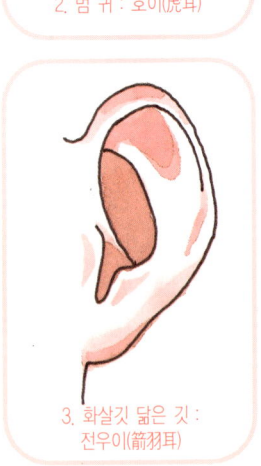

3. 화살깃 닮은 귀 :
전우이(箭羽耳)

모양인데 기이(氣異)한 것이 특징이다. 이러한 귀를 가진 사람은 간사하고 음험하여 남을 해하지만 위엄과 귀함이 있는 체를 하면서 자신만의 권세를 누린다.

### ● 3 화살깃 닮은 귀 전우이

위는 눈썹보다 한치 정도 높게 붙어 있고 귀밑은 화살깃처럼 도톰한 살이 전혀 없다. 이러한 상을 가진 사람은 부모의 유산을 모두 탕진하고 떠돌이 신세를 면하기 어렵다.

### ● 4 부채귀 선풍이(扇風耳)

두 귀가 앞으로 향하여 부채질을 하는 모양으로 관(官)의 재산을 모두 없애버릴 운. 어린 시절에는 집안의 덕으로 안락함을 누리지만, 중년부터는 재산을 다 없애고 말년에는 더욱 빈궁, 고독하거나 혹은 객사하기 쉬운 상이다.

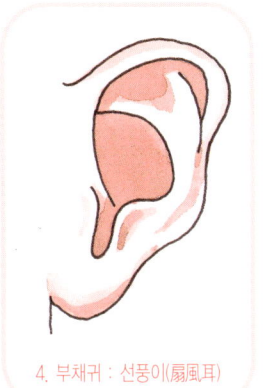

4. 부채귀 : 선풍이(扇風耳)

### ● 5 쥐 귀 서이(鼠耳)

귀가 높이 붙어 있고 윗부분이 뒤집히고 귀뿌리가 뾰족한 모양으로 비록 눈썹 위까지 높이 붙었다 하더라도

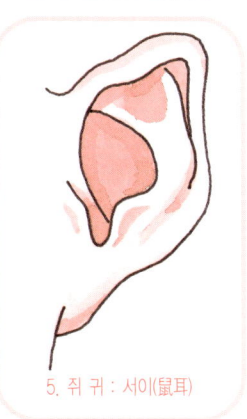

5. 쥐 귀 : 서이(鼠耳)

결코 어질지 못한 상이다.

  도벽이 있어 고치지 못하니 결국 감옥에 갇힐 때가 많고 평생 빈궁하게 지낸다.

### ●6 어깨까지 늘어진 귀
#### 수견이(垂肩耳)

  귀 뒤가 풍만하고 귀밑 살이 어깨까지 늘어졌으며 눈썹 위에 붙어 둥글고 귀 뒤가 풍만한 것을 말한다.

  이마가 넓고 그 형용이 기이하면 귀함이 천하에서 다시없을 인물이다.

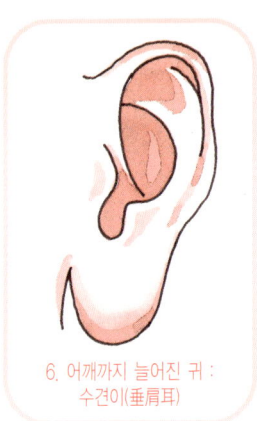
6. 어깨까지 늘어진 귀 : 수견이(垂肩耳)

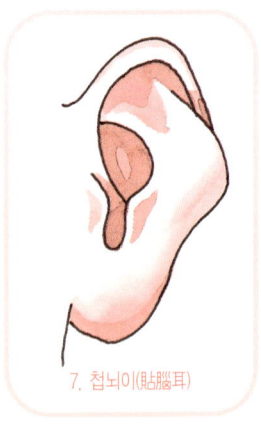
7. 첩뇌이(貼腦耳)

● 7 첩뇌이(貼腦耳)

두 귀에 뼈처럼 단단한 살집이 돋아 있고 튼튼해 보이며, 귀가 높이 붙어서 눈썹을 누르는 상이다.

이는 뛰어나게 어질고 현명한 사람으로 육친은 물론 자신도 귀하게 되어 부귀를 누리고 커다란 명성을 떨친다.

● 8 꽃잎 귀 개화이(開花耳)

귓바퀴가 꽃잎처럼 뒤집히고 얇으면서 연약해 보이는 귀이다. 비록 뼈가 단단하더라도 이에 속한다.

많은 재산이 있다 하더라도 결국은 모두 탕진하고 말년에 빈궁함을 면치 못한다.

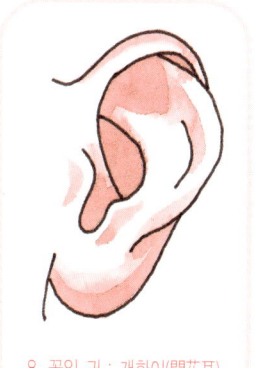

8. 꽃잎 귀 : 개화이(開花耳)

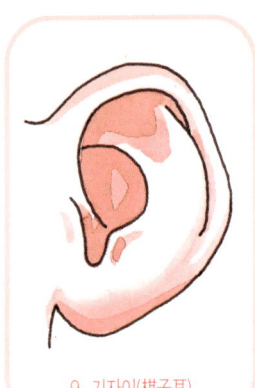

9. 기자이(棋子耳)

### ● 9 기자이(棋子耳)

 귀가 둥글고 윤곽이 뚜렷하며 살집이 넉넉한 모양이다. 이러한 귀를 가진 사람은 가풍을 굳게 지키며 자수성가하여 집안을 일으킨다.

 또한 중년에는 부귀함이 옛날 도주(陶朱-중국의 부자로 이름난 사람)와 비길 만한다.

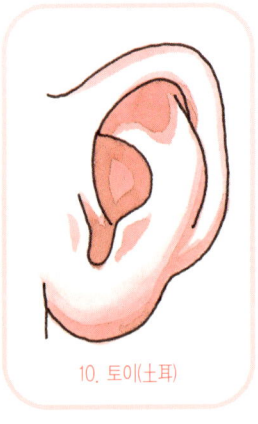

10. 토이(土耳)

### ● 10 토이(土耳)

 토이(土耳)는 크고 단단하며 두툼하게 살이 찐 귀로 붉고 윤기가 있으면 좋은 격이다. 이러한 귀를 가진 사람은 부귀 장수하고 육친의 덕이 있으며 재주가 많고 자식복도 있다.

### ● 11 돼지 귀 저이(猪耳)

귀가 단단하고 두터우나 윤곽이 거의 없다. 간혹 귀 밑이 늘어진 경우도 있다.

비록 일시적인 부귀를 누린다 하나 모두 헛된 일이다. 말년에는 흉액이 따라 빈천하며 편안히 죽지 못한다.

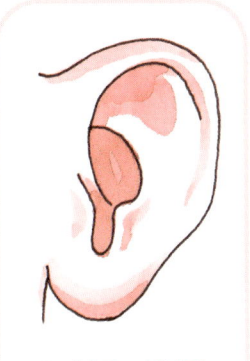

11. 돼지 귀 : 저이(猪耳)

### ● 12 낮고 뒤집힌 귀 저반이(低反耳)

귀가 눈썹 아래로 내려붙고 윤곽이 뒤집힌 것으로 어

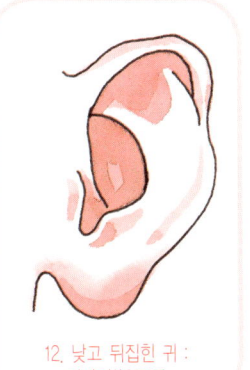

12. 낮고 뒤집힌 귀 : 저반이(低反耳)

려서 육친을 잃고 고독하며 축재에도 커다란 손해를 입는다.

혹 재산을 넉넉히 물려받았을지라도 모두 허비하여 결국은 빈곤하다. 땅 구덩이에 묻히는 액이 있으므로 경계가 요망된다.

● **13 금이(金耳)**

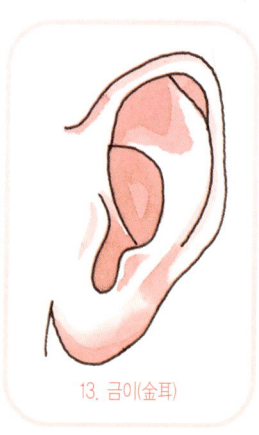
13. 금이(金耳)

귀가 눈썹보다 한치나 높이 솟고, 귀의 위 둘레가 작으며, 얼굴보다 희고 얼굴 밑까지 늘어지면 부귀공명을 누린다.

그러나 말년에 자식이나 부인을 잃는 상으로 고독하게 된다.

### ● 14 목이(木耳)

귀의 윤곽이 뒤집히거나 젖혀진 사람은 육친 운이 나쁘고 재산도 부족하다.

다른 얼굴 부위가 좋으면 그럭저럭 근심이 없겠으나 그렇지 않으면 빈궁하고 자식 운도 나쁘다.

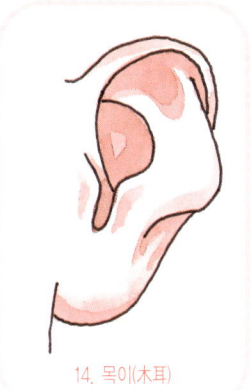

14. 목이(木耳)

### ● 15 수이(水耳)

두텁고 둥글며 눈썹보다 높으면서 귀밑 도톰한 살이 늘어진 귀이다. 단단하고 붉고 윤기가 있으며 높직하게 세워진 귀는 부귀공명을 누리는 대장부의 상이다.

15. 수이(水耳)

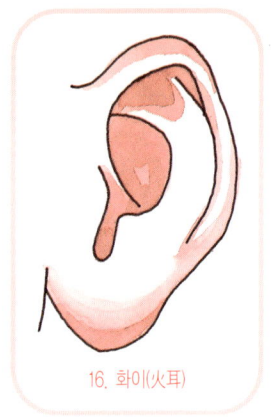

16. 화이(火耳)

● 16 화이(火耳)

눈썹보다 높이 붙고 윤곽이 뒤집힌 모양의 귀로, 비록 귓살이 도톰하다 해도 좋지 않은 상이다. 이 위에 콧마루와 두 눈썹 사이, 와잠이 풍만하면 말년에 자식은 없으나 명은 길게 누린다.

## 8 손바닥의 언덕(丘)

손바닥의 약간 도독하게 솟은 부위를 말한다. 각 구의 위치는 다음과 같다.

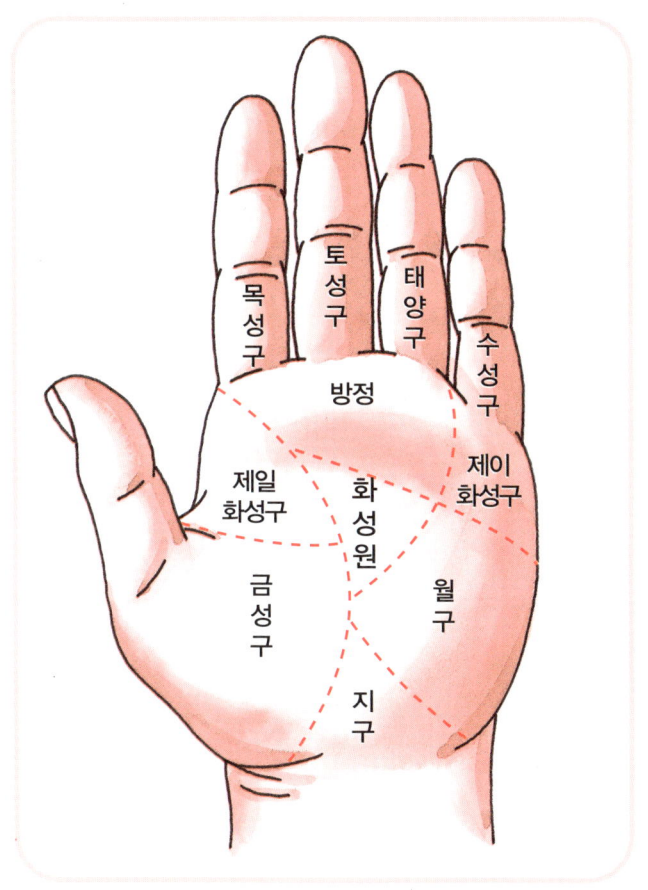

● **금성구**

금성구가 풍만 윤택하며 흠이 없는 여자는 연애 감정이 풍부하며 정력이 강하며 육친의 덕도 있다. 얕고 빈약하고 어둡고 지저분한 주름이 많으면 연애에 실패하고 정력, 가족관계 모두 좋지 않다.

● **목성구**

직업 운, 사업 운을 본다. 목성구가 두두룩하게 풍만하며 윤택한 빛이 있는 사람은 명석한 사고력과 판단력의 소유자다. 지나치게 신중해서 좋은 기회를 놓치는 단점만 보완하면 견실하게 발전을 이룩하는 상.

● **토성구**

이성에 대한 지배력을 본다. 이곳이 발달한 사람은 인내력이 강하고 검소한 성격, 단정 질박한 취향의 소유자. 토성구가 빈약하고 상처와 같은 흠집이 있는 사람은 자제력이 약하고 비상식적 파행을 범하기 쉽다.

● **태양구**

신용도, 인기 유무를 본다. 이곳이 발달한 사람은 직관력이 예리하고 밝고 정열적인 성격의 소유자. 예술적인 재능이 있으며 타인의 호감을 얻고 사업에도 성공하는 타입.

● **수성구**

사교성과 사업수완을 본다. 이 구가 발달한 사람은 언변이 좋고 사교성도 풍부하다. 금전도 넉넉한 편이며 문예방면에도 재능이 있다. 변호사, 외교관, 사업가에 적합한 타입.

● **제일화성구**

적극성, 행동력, 공격적인 성향 등을 본다. 이곳이

발달한 사람은 매사에 적극적이며 강한 경쟁의식과 목표를 향해 돌진하는 추진력이 강하다. 군인, 정치가에 적합.

● **제이화성구**

적이나 위난으로부터 자기를 지키는 방어력, 또 그로부터의 영향력, 면역성의 정도를 본다. 이곳이 발달한 사람은 정서도 민감하고 투쟁심도 강하다.

백절불굴의 강인한 인내력의 소유자. 이 구가 빈약한 사람은 외부의 침해를 쉽게 입으며 의지가 빈약하고 압력에 대한 견딜힘도 떨어진다.

● **월구**

창조력, 정서면과 영감 등의 발달상태를 보여준다. 이 구가 발달한 사람은 상상력이 풍부하며 문학, 철학, 기타 신비주의적인 지식의 학문 등에 깊은 조예를 보여줄 수 있다. 그러나 지나치게 정신적인 관념에 몰두하기 때문에 현실 사회로부터 유리될 위험이 있다.

● **지구**

생식능력을 본다. 이곳이 발달한 사람은 자녀도 많고 건강하다. 빈약하고 잔주름이 많은 사람은 자녀 운도 나쁘고 체력도 약하다.

● **방정**

생활력과 현실감각을 본다. 이곳이 윤택하면 착실하여 절약적인 마음의 소유자.

● **화성원**

방정과 더불어 생활력의 유무와 의지력의 강도 등을 본다. 손바닥 중앙에 위치한 오목한 곳으로 약간 깊은 것이 좋지만 너무 깊은 것은 오히려 약한 운세.

이곳 역시 윤택한 빛이 돌아야 길상이며 강한 생활력과 성취욕을 보여주는 곳이다.

## 9 손바닥의 선

### ● 생명선

건강상태, 수명의 장단 등을 본다. 가늘고 깊고 윤택하며 길어야 제격이다. 이 선이 가늘고 긴 사람은 건강 장수하지만 반대인 사람은 단명한다.

생명선이 짧고 넓어서 희미한 사람은 질병이 잦고 체력도 약한데 건강하더라도 일직 단명할 상. 지문.

### ● 두뇌선

지능의 발달여부를 본다.

두뇌선이 분명하고 끊긴 데가 없이 길며 깊고 윤택

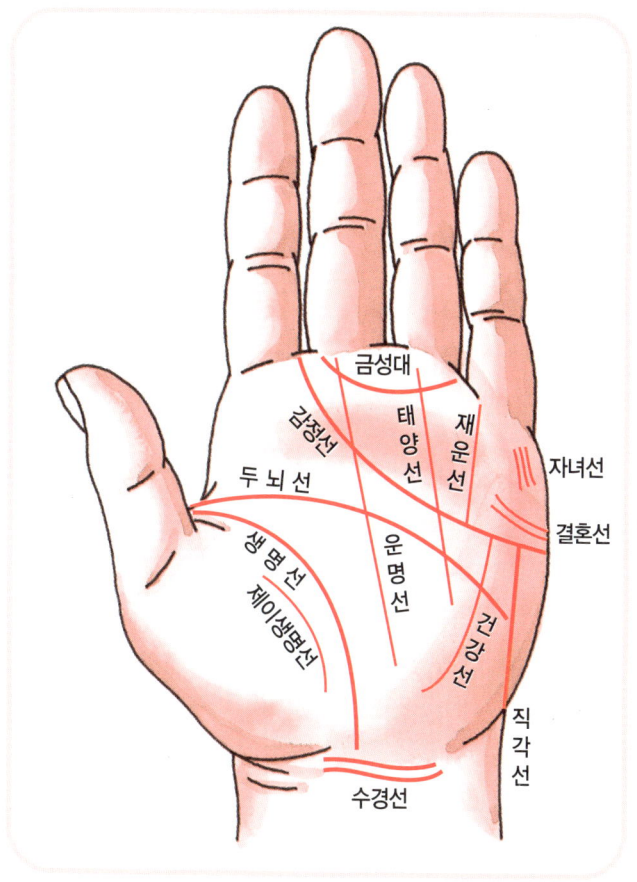

하면 총명하고 재능도 풍부하다. 넓고 얕고 짧으며 희미하면 우매한 타입이다. 두뇌선이 길게 월구까지 깊이 뻗친 사람은 천재형, 짧아서 손바닥 중간에도 이르지 못하면 우둔하다. 두뇌선이 산만하게 이리 저리 뻗친 사람은 신경질이 많고 주관이 없다. 인문.

● **감정선**

그 사람의 성격을 나타낸다. 선천적인 성격을 나타내므로 천문이라 한다.

감정선이 가늘고 길면 마음이 바르고 온후하며, 짧고 갈래가 없으면 우직단순하다.

감정선은 깊고 윤택하고 갈래로 나온 선이 많아야 감정과 정서가 풍부해서 문학, 예술, 사색 방면에 재능이 있다.

감정선이 중간에 끊김이 없고 선이 분명하면 부부간에 화목하고 해로한다. 중간 중간 끊기거나 톱날처럼 갈래선이 많은 사람은 다정다감하고 예술적인 소질은 있으나 성격상으로 변화하기 쉽고 신경질적이어서, 연애할 때는 좋을지 몰라도 원만한 부부생활을 하기 어렵다.

감정선이 중간에 분명하게 끊긴 사람은 부부간에 이별 내지 사별하게 된다. 문학 예술가는 감정선이 새끼줄처럼 꼬여 있어야 좋다.

● **운명선**

성공 운을 본다. 이 운명선이 있는 사람은 성공이 빠르지만 운명선이 없는 사람도 있다.

이 선이 손목 부근에서 가운데 손가락까지 반듯하고 분명하게 뻗은 사람은 크게 성공할 타입이다.

운명선이 중간 중간 끊긴 사람은 직업을 자주 바꾸거나 중도에 실패하여 성공하기가 매우 어렵다.

남자는 운명선이 분명하게 있어야 좋은데 만일 없

다고 하더라도 다른 부위가 길하면 성공할 수 있다.

여자는 운명선이 길고 분명하면 사회적인 활동력이 강해 상당한 성공을 하지만, 팔자가 세서 가정적으로는 적합한 상대를 만나는 것이 중요하다.

독신이거나 무능한 남편을 둔 경우가 많다.

### ● 태양선

명예와 신망, 호감도를 나타낸다. 태양선이 손목 부근에서 무명지 부근까지 뻗은 사람은 일생 명예와 신망이 높고 대중의 존경을 받는다.

손바닥 중앙에서부터 무명지까지 뻗은 사람은 중년부터 명성을 떨친다. 감정선 부근에서 무명지까지 올라간 사람은 말년에 갑자기 이름을 떨친다.

### ● 금성대

횡재문이라 불리는 곳으로 이성관계, 재운 등을 본

다. 대개는 없는 사람이 많다. 이 선이 있는 사람은 돈을 벌기도 잘 하지만 낭비도 심한 편.

감성이 지나치게 민감하여 연애를 잘 하고 섹스도 강하다. 두 선이 있어 선명하면 민감하고 정서가 풍부하여 문학, 미술, 예능 방면에 취향과 소질이 있다.

● **결혼선**

처첩문이라 하여 연애운과 결혼운을 나타내는 선. 결혼선이 끊기지 않고 가늘고 분명하면 부부간에 화목하고 백년해로 할 상.

결혼선이 Y자 모양으로 한 줄에서 갈래가 생긴 사람은 중간에 생이별한다. 결혼선이 중간에서 분명하게 끊긴 사람은 남녀 모두 상부 상처한다.

좌우 양손에 똑같은 모양의 결혼선이 두 개 이상 있는 사람은 두 번 결혼할 운명이거나 결혼 이외의 남녀와 깊은 애정 관계가 있는 상.

결혼선의 끝이 새끼손가락 쪽으로 갑자기 꺾인 사람은 젊어서 아내로 인하여 애를 먹는다. 여자는 중성적인 성격이거나 독신 혹은 남자를 타고 앉는 여자가 될 상.

● **자녀선**

결혼선 바로 위에 세로로 그어진 금으로 남녀문이라고도 한다. 자녀선이 보이지 않으면 무자식상, 선이 많으면 자녀도 많을 상.

선이 굵고 튼튼하면 아들, 가늘고 작은 것은 딸이라는 설도 있다.

자녀선이 중간에 끊기거나 흠이 있으면 자녀를 낳아 기르기 어렵거나 병약한 자녀를 둔다.

자녀선 중간에 0자 모양이 있다든지 Y자 모양으로 된 사람은 자녀가 있어도 한 집에 살지 못하거나 함께 살면 실패할 상.

● **건강선**

건강상태, 재능의 유무를 나타낸다. 이 선은 없는 사람이 많다. 이 선이 있는 사람은 대체로 학자나 예술가 및 전문기술을 가진 사람이 많다. 손을 많이 쓰는 육체노동자에게는 보이지 않는다.

이 선이 장해선이 있거나 끊어지면 건강상태가 좋지 않으며 대개는 위장병으로 고생한다.

건강선 밑 부분에 섬 모양의 선이 있으면 호흡기 질환 – 기관지나 인후, 폐 등에 질병이 있을 가능성이 많다. 건강선이 누런색을 띠고 짧게 토막 나 있으면 비장, 간장 등에 이상이 있을 상.

건강이 완전히 회복되면 선도 따라서 길고 일직선으로 선명하게 나타난다.

● **제2생명선**

생명선 옆 금성구에 생명선과 비슷하게 그려진 것

인데 상속문이라고도 한다. 이 선 하나가 분명하면 유산 복이 있다.

장남들은 대부분 이 상속문이 있으며 차남이 있는 경우엔 장남의 역할을 대신하게 된다. 이 선이 여러 개인 사람은 이성과의 교제가 많다.

● **직각선**

새끼손가락 아래쪽에서 두뇌선 방향으로 반원형으로 되어 월구 아래쪽으로 뻗은 선을 말한다. 신비력과 직관력을 나타내는 선이다. 이 선이 있는 사람은 직관력이 특출하여 천재적인 재능이 있거나, 발명가 혹은 신비력이 있는 기인 부류에 속하게 된다.

● **수경선**

건강을 나타내는 선. 건강한 사람은 보통 손목에 세 개의 줄이 그어져 있다. 이 세 선이 모두 분명하면 건강하고 그렇지 않으면 건강에 문제를 지니고 있다.

● **재운선**

새끼손가락 밑에 세로로 짧게 그어진 선. 건강선 끝에 이어져 있는 수가 많으므로 건강선인 것처럼 보이는 경우가 있다.

재운선은 바늘을 세운 것처럼 곧게 그어져 있는 것이 좋다. 금전 운이 좋은 경우다. 재운선이 있더라도 곧지 못하거나 끊어진 경우엔 재운이 나쁘다. 생활이 부유해짐에 따라 재운선도 곧게 변하는 성질이 있다.

 **손바닥 무늬의 각 모양**

● **1 사계문(四季紋)**

춘궁(春宮)은 청색, 하궁(夏宮)은 적색, 추궁(秋宮)

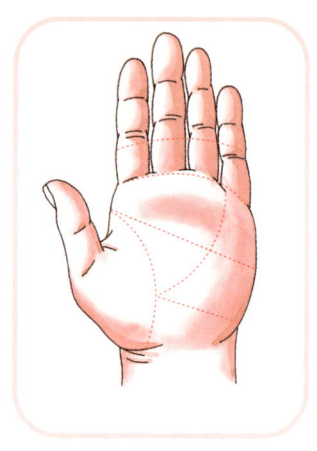

1. 사계문(四季紋)　　　　　2. 대인문(帶印紋)

은 백색, 동궁(冬宮)은 흑색을 띠어야 올바른 격이다.

만일 추궁에 적색, 동궁에 황색, 춘궁에 백색, 하궁에 흑색을 띠면 상극을 만난 상으로 흉액이 많이 따른다.

● 2 대인문(帶印紋)

손바닥의 무늬가 마치 도장을 새긴 듯한 것으로서

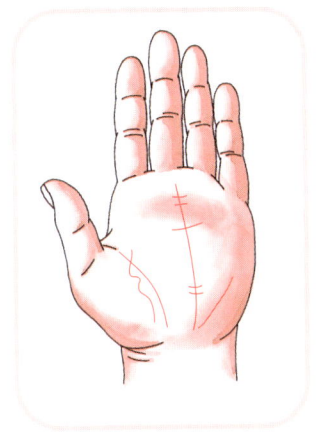
3. 병부문(兵符紋)

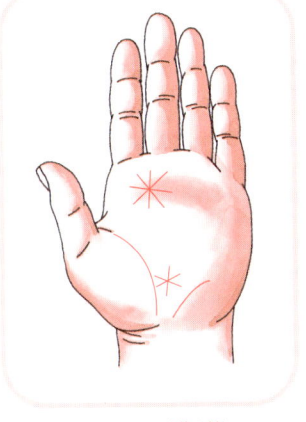
4. 금화인문(金花印紋)

공명을 얻는다. 저절로 청렴한 명성을 얻어 높은 지위에 오를 상.

● 3 병부문(兵符紋)

이 무늬가 손바닥 가운데에 나타나면 일찍 관직에 오른다. 마디가 튼튼하면 좋은 상이므로 요직에서 권세를 누리고, 변방의 적을 진압해서 큰공을 세운다.

옛날 진평(陳平)이란 사람에게 이러한 무늬가 있었다고 하는데 높은 지위에 오르는 대길한 상이다.

### ● 4 금화인문(金花印紋)

손바닥에 도장 무늬가 꽃처럼 화려하게 있으면 출세를 하여 부귀를 누리고 빈궁을 걱정하지 않는다.

높은 직위를 받는다.

### ● 5 배상문(拜相紋)

배상문은 그 모양이 거문고를 닮은 것이다.

한(漢)나라 창업 공신인 장량(張良)에게 이러한 무늬가 있었다 한다.

이 무늬가 있는 사람은 성품이 돈후하고, 문장이 탁월하며, 임금을 보필하는 대신의 자리에 오른다.

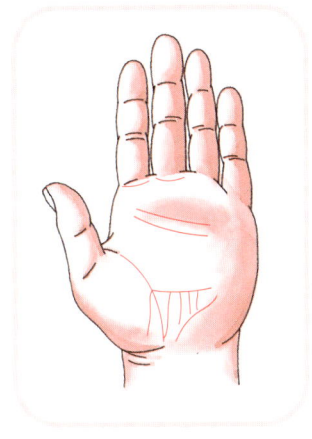
5. 배상문(拜相紋)

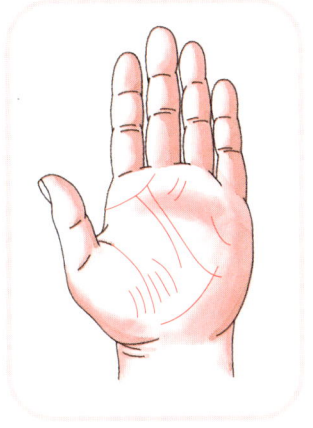
6. 안진문(雁陣紋)

● 6 안진문(雁陣紋)

기러기가 줄을 지어 날아가는 모양으로 조아문(朝衙紋)이라고도 한다. 이러한 무늬가 있는 사람은 하루아침에 공명을 성취하여 그 이름을 날린다.

관직에 들어서면 장관급 이상의 직위를 받고 집안의 의식주가 풍족하다.

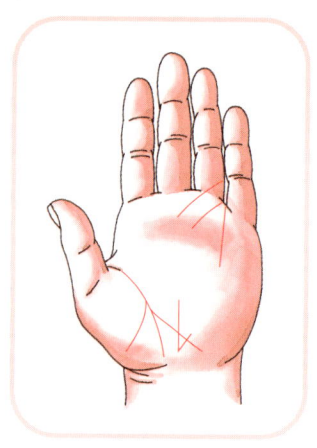
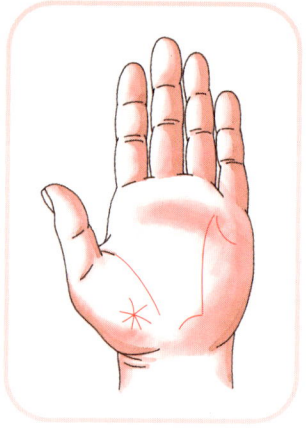

7. 쌍어문(雙魚紋)    8. 육화문(六花紋)

### ● 7 쌍어문(雙魚紋)

쌍어문이 손바닥의 정중앙에 있으면 뛰어난 문장(文章)으로 나라를 빛낸다.

이 무늬가 천정을 지나도록 뻗어 있으며 빛이 붉고 윤택하면 장관과 같은 높은 지위에 오른다.

### 8 육화문(六花紋)

이는 우로지택(雨露之澤 - 임금의 은혜 입음)의 무늬다.

그러므로 벼슬은 재상의 지위에 오르고, 늙도록 경사가 겹치며 가문을 찬란하게 빛낸다.

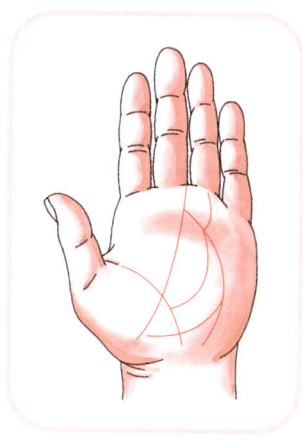

9. 현어문(懸魚紋)

### ● 9 현어문(懸魚紋)

현어문이 손바닥 가운데에 온전하게 있으면 학식과 지혜가 뛰어나서 일찍 출세한다.

재능이 출중하므로 군·관(軍·官)의 어느 자리에도 능력을 발휘, 최고 요직에 오른다.

### ● 10 사직문(四直紋)

이 무늬가 있는 사람은 중년 운이 번창할 상.

무늬가 있는 데다 빛이 붉고 윤택하면 하루아침에 높은 지위에 오른다.

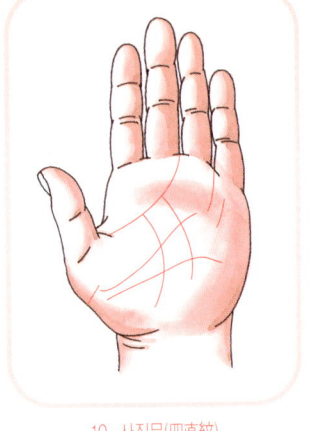

10. 사직문(四直紋)

### ● 11 천인문(天印紋)

이 무늬가 손바닥 위쪽에 있으면 학식과 재주가 세상을 놀라게 한다. 고매한 자는 능히 재상의 지위에 오르며, 평범한 사람은 커다란 부를 누린다.

### ● 12 기부문(奇扶紋)

이 무늬가 무명지를 따라 있으면 대단히 담력이 굳고 강한 사람이다.

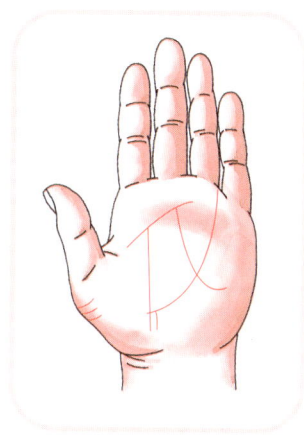
11. 천인문(天印紋)

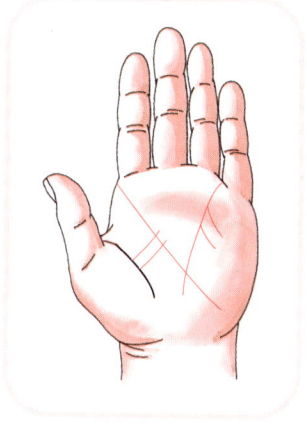
12. 기부문(奇扶紋)

겸하여 빛이 붉고 윤택하면 능숙한 처세로 평생 부귀를 누린다.


● 13 보운문(寶暈紋)

보운문은 그 형상이 햇무리가 손바닥 중심에 단정하게 있는 듯 기이하다. 이 무늬가 아름답게 돌고 있

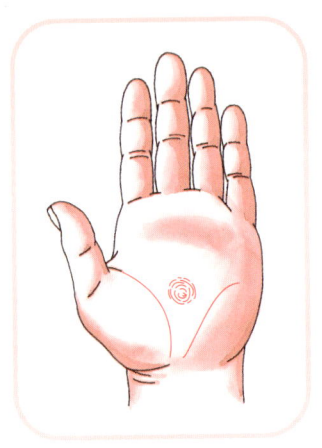
13. 보운문(寶暈紋)

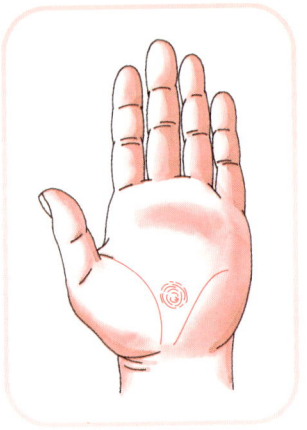
14. 삼일문(三日紋)

는 것처럼 보이면 제후의 상이고, 동전과 같으면 커다란 축재를 한다.

● **14 삼일문(三日紋)**

이 무늬가 뚜렷하게 손바닥 가운데서 빛나면 학식이 탁월하여 일직 관직에 오른다. 일월 위 부위에 무늬가

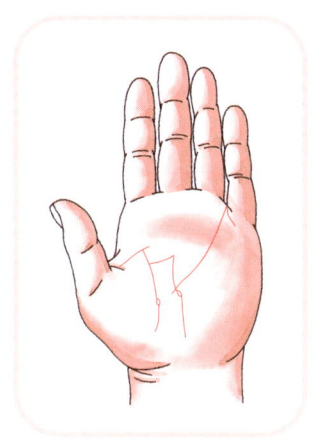
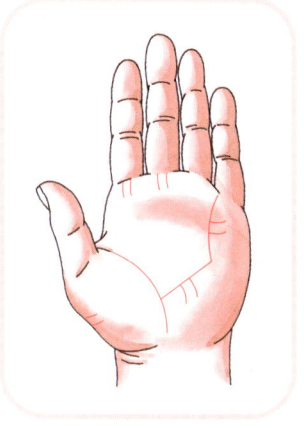

15. 금귀문(金龜紋)　　　　　16. 필진문(筆陣紋)

아롱지면 더욱 길상으로 명성과 재물을 같이 얻는다.

● **15 금귀문(金龜紋)**

거북과 같은 무늬가 있는 데다 풍신이 뛰어나면 영웅의 기상이다. 이러한 무늬가 있는 사람은 대단히 오래 살며 갈수록 재물이 불어난다.

### ● 16 필진문(筆陣紋)

필진문이 손바닥에 많이 있으면 지혜와 인덕이 뛰어난 사람이다. 중년에 뜻을 이루며 영달한다.

### ● 17 옥주문(玉柱紋)

이 무늬가 손바닥 가운데로부터 뻗어서 곧게 올라가면 지혜가 총명하며

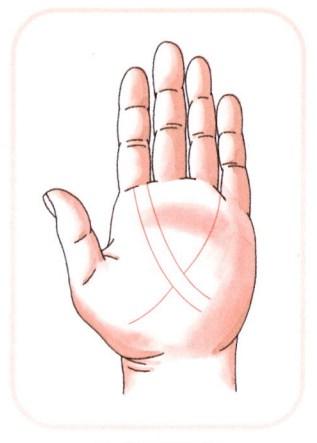

17. 옥주문(玉柱紋)

배짱이 대단한 사람이다. 게다가 그 빛이 밝고 윤택하면 중년에는 이름을 떨치고 높은 지위에 오르겠다.

### ● 18 삼기문(三奇紋)

삼기문이 무명지 아래에 나타나고 한 가닥이 셋으로 갈라져 손바닥 가운데에 이르면 그 지위나 명예가

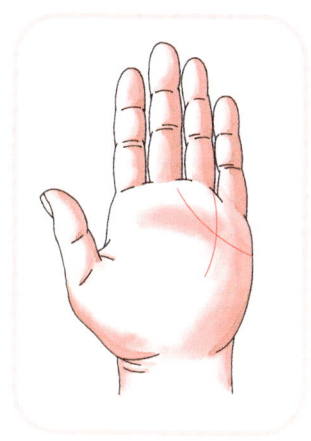
18. 삼기문(三奇紋)

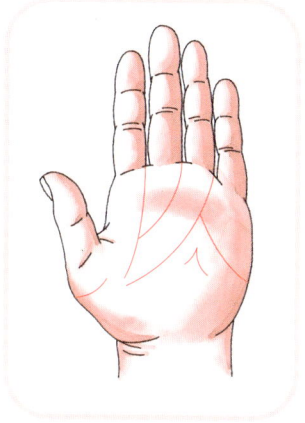
19. 삼봉문(三峰紋)

비할 수가 없다.

● 19 삼봉문(三峰紋)

 삼봉문이 손(巽), 이(離), 곤(坤)궁에 일어나고, 살이 볼록하고 둥근데다 윤택하면 재물이 가득 모이고 토지가 넓어진다.

● 20 미록문(美祿紋)

미록문은 그 모양이 삼각형인데 가로 무늬를 띠어야 좋다. 의식주가 풍족하고 매번 경사가 따르며 평생 안락하다.

● 21 입신문(立身紋)

입신문은 무지개와 같은 무늬가 손바닥에 있

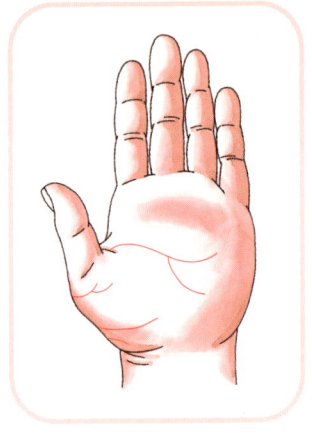

20. 미록문(美祿紋)

는 것으로서, 미간 사이가 넓고 용모가 당당하면 마침내는 세상이 부러워하는 높은 지위에 오르게 된다.

● 22 옥정문(玉井紋)

정(井)자 무늬가 한가운데 있으면 복과 덕을 함께 누린다. 두세 개가 거듭 있으면 관운(官運)도 있다.

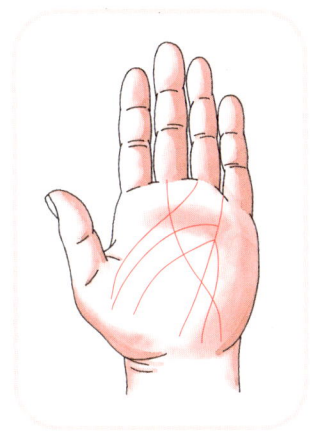
21. 입신문(立身紋)

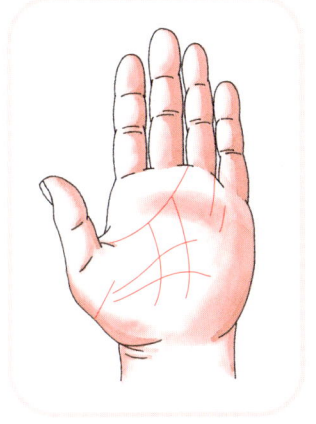
22. 옥정문(玉井紋)

 이러한 사람은 성품이 청귀하여 훌륭한 윗사람을 잘 보필한다.

● **23 학당문 ❶ (學堂紋)**

 엄지손가락 마디가 부처의 눈과 같으면 주로 문재와 학식이 뛰어나 해맑은 이름을 곳곳에 펼치겠다.

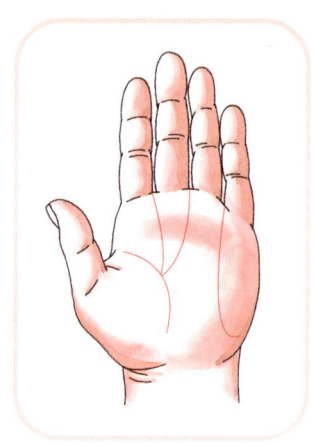
23. 학당문① (學堂紋)

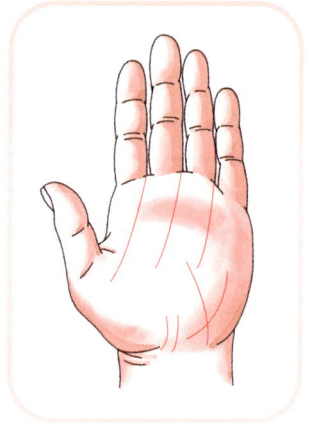
24. 거륜문(車輪紋)

## ● 24 거륜문(車輪紋)

무늬가 원만하면 중앙의 관직을 맡을 운. 이 무늬가 없어지지 않고 온전하면 제후나 외신의 권세를 누린다.

## ● 25 학당문❷ (學堂紋)

손바닥에 그림과 같은 학당문이 있는 사람은 청귀

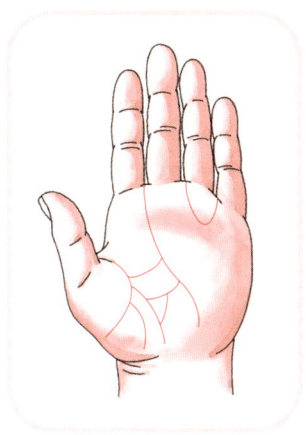
25. 학당문② (學堂紋)

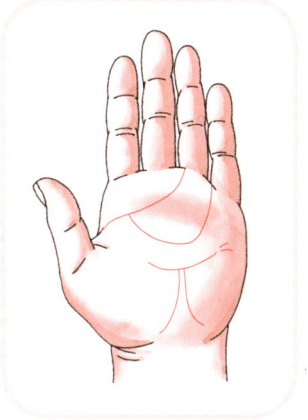
26. 이학문(異學紋)

한 성품으로 복록이 따른다. 또한 기예가 뛰어나 크고 작은 일을 모두 교묘하게 잘 다룬다.

● 26 이학문(異學紋)

이학문이 있는 사람은 특이한 도학(道學)이 있는 사람이다.

승도(僧道)에 들어가면 높은 이름을 떨치고 비록 세상에 환속할지라도 재화가 풍족하다.

● 27 소귀문(小貴紋)

소귀문은 작은 관귀(官貴)를 누리는 상인데, 비록 관직을 얻지 못할지라도 재물을 쌓는다.

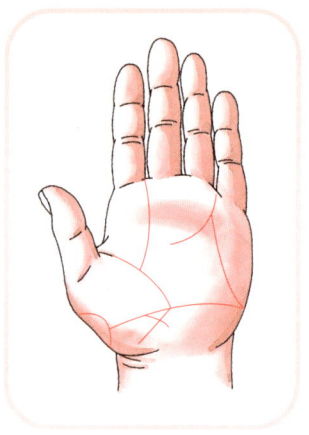

27. 소귀문(小貴紋)

더구나 붉고 윤택하며 손이 부드러우면 승도가 될지라도 중요한 지위를 차지한다.

● 28 천희문(天喜紋)

천희문이 있는 사람은 평생 복록이 많다.

운이 왕성하고 몸이 건강하니 심신이 안락하며 매

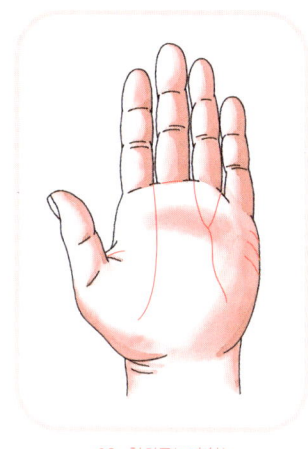 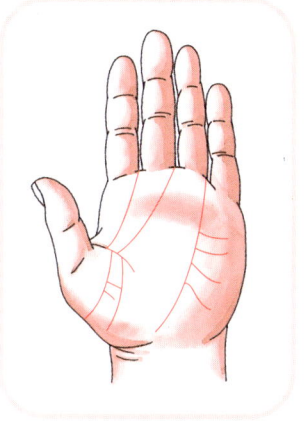

28. 천희문(天喜紋)　　　29. 복후문(福厚紋)

사에 이루지 못하는 것이 없다.

● 29 복후문(福厚紋)

복후문이 당계(堂階)의 부위로 향하면 평생 재앙이 없다. 가난한 사람을 도와주기 좋아하므로 음덕을 많이 쌓고, 말년에 이르러서는 재운이 더욱 좋아진다.

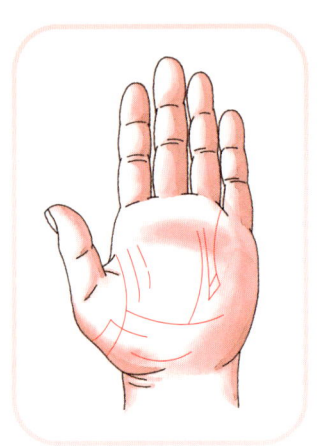
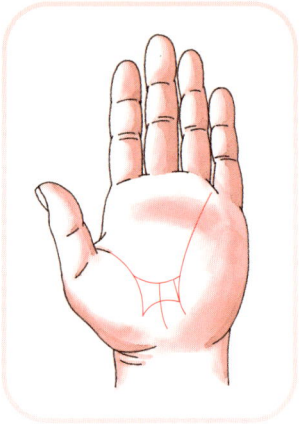

30. 천자문(川字紋)　　　　　31. 절계문(折桂紋)

● **30 천자문(川字紋)**

　다섯 손가락에 모두 천(川)자와 같은 무늬가 있으면 대단히 장수한다.


● **31 절계문(折桂紋)**

　큰 재목이 되는 상으로 가진바 뜻을 이루고 급제하

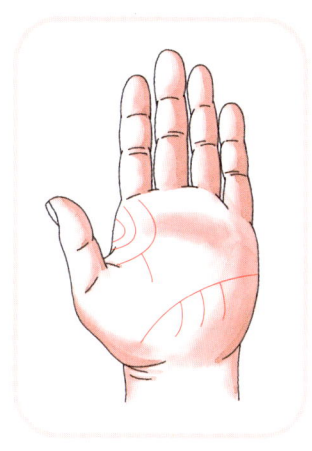
32. 삼재문(三才紋)

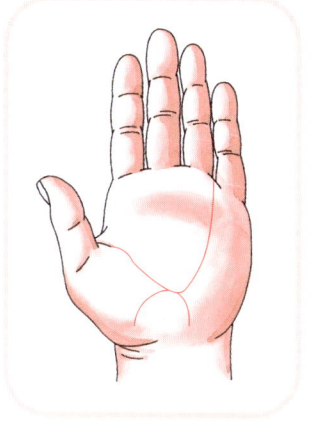
33. 천금문(千金紋)

여 높은 지위에 오른다.

### ● 32 삼재문(三才紋)

삼재문이 뚜렷하면 운이 순조로워 평생 편안하게 지낸다. 수명도 길고 재운도 좋지만 만일 무늬가 끊어지거나 다른 무늬가 끼어들면 길상도 허사가 된다.

● 33 천금문(千金紋)

천금문은 그 사람의 영화와 관련이 있다. 이 무늬가 있는 사람은 어려서는 물론 일생 부귀영화를 자랑한다.

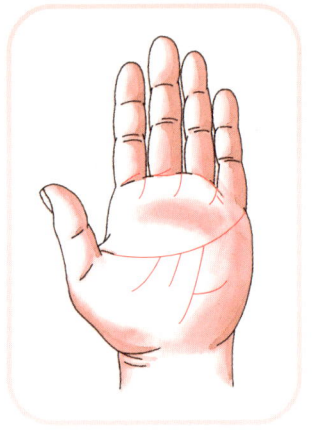

● 34 이괘문(離卦紋)

이괘문이 뚜렷하지 않으면 쉬지 않고 일할 상

34. 이괘문(離卦紋)

이며 감궁(坎宮)이 풍성하면 말년에 부귀영화를 누린다. 손바닥이 평평하면 고독하고 빈천하며, 삼산(三山)이 위로 두툼하게 돋아 있으면 모든 일이 영화롭다.

● 35 진괘문(震卦紋)

진궁(震宮)이 넉넉해 보이고 빛이 윤택하면 남아를

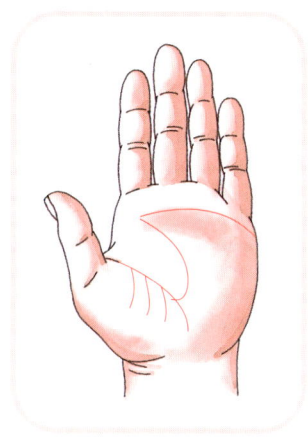
35. 진괘문(震卦紋)

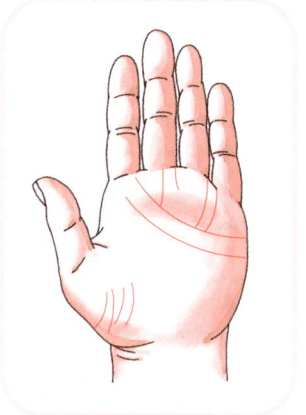
36. 음덕문(陰德紋)

두게 되고, 무늬가 가늘고 박약하면 자식이 많다.

 간혹 무늬에 좋지 않은 살을 띠면 자손과 이별한다.


● 36 음덕문(陰德紋)

 음덕문이 신위(身位)에 있으면 독한 마음이 없고 자비심이 많으며 선행을 좋아하고 총명한 사람이다.

비록 흉한 일을 당해도 자연히 액이 풀려 결국 수복을 누린다.

### ● 37 은하문(銀河紋)

은하 가루가 천문(天文)위에 흩어져 있으면 반드시 아내를 잃고 다시 결혼할 운이다. 감궁과 이궁이 끊어지거나 다른 것이 끼어들면 조상의 뜻은 지키지 못하지만 자수성가한다.

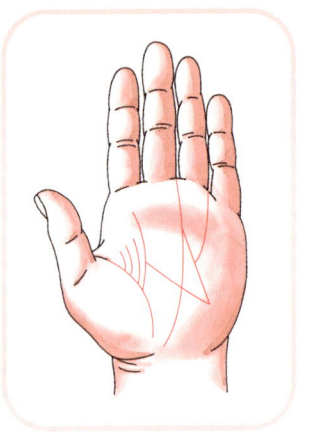

37. 은하문(銀河紋)

### ● 38 화개문(華盖紋)

화개문이 있는 사람은 숨은 공이 있으며 이롭고 길하다. 혹시 다른 흉한 무늬가 있더라도 흉함을 다스

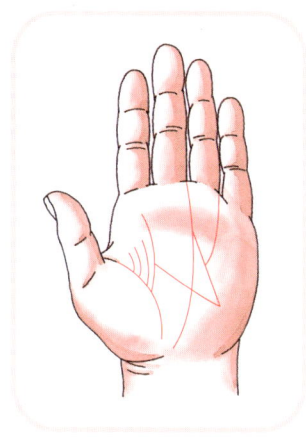
38. 화개문(華盖紋)

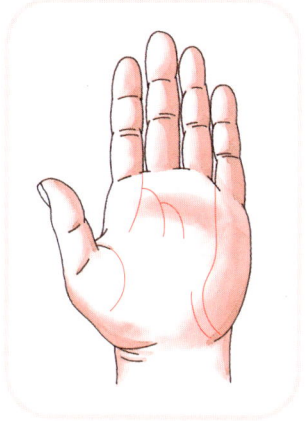
39. 감어문(坎魚紋)

리므로 전화위복을 이룬다.

● **39 감어문(坎魚紋)**

물고기 모양의 무늬가 손바닥에 있고 감궁이 풍만하면 처덕이 있으며 재산이 늘어난다.

이 무늬에 더해 건궁에 정(井)자 무늬가 있으면 그

아들이 높은 직위를 얻는다.

● 40 주산문(住山紋)

이러한 무늬가 있는 사람은 주로 승도(僧道)가 될 상이다.

고요하고 한적한 곳을 좋아하지만 향락을 좋아하여 재산을 모으지 못하며, 부부의 인연이 없고 자식 운이 없다.

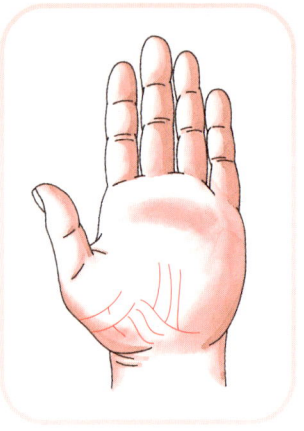

40. 주산문(住山紋)

● 41 지혜문(知慧紋)

이 무늬가 있는 사람은 지혜가 밝고 학식이 풍부하여 빛나는 이름을 날린다.

사려가 깊어 경솔한 행동을 하지 않으며, 선행을 좋

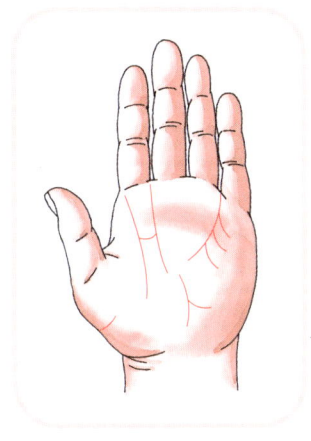
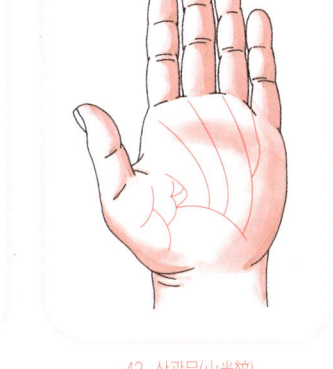

41. 지혜문(知慧紋)　　　　　42. 산광문(山光紋)

아하므로 뜻밖의 재액으로 불운을 당하는 일이 없다.

### ● 42 산광문(山光紋)

산광문이 있으면 시시비비에 간섭하기를 싫어하며 담백한 것을 좋아한다. 이러한 상을 가진 사람은 승도가 되는 것이 적합하다.

만일 속세에 살면 처자운이 없으므로 고독을 면하지 못한다.

### ● 43 색욕문(色慾紋)

이러한 상을 가진 사람은 평생 풍류를 좋아하는 성품으로 음란하다.

항상 쾌락에만 도취되어, 구십 노령이 되어서도 젊은 기분을 버리지 못한다.

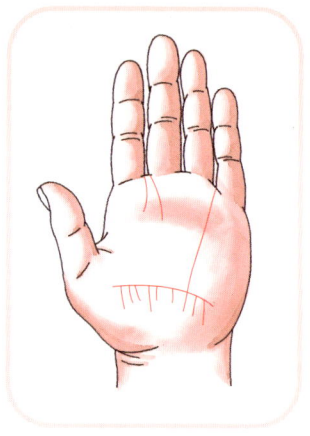

43. 색욕문(色慾紋)

### ● 44 난화문(亂花紋)

난화문이 있는 사람은 평생 사치와 여색을 즐기는 상이다. 바람을 피느라 집안 일을 돌볼 겨를이 없다.

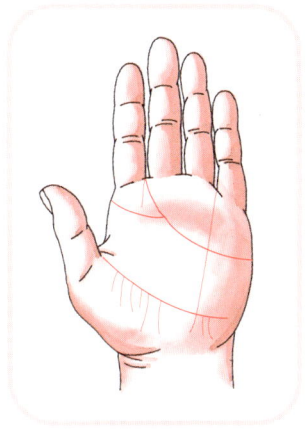
44. 난화문(亂花紋)

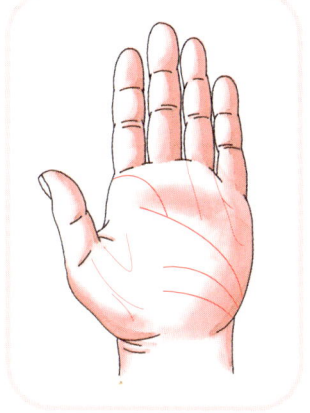
45. 은산문(隱山紋)

### ●45 은산문(隱山紋)

은산문이 손바닥 가운데에 있으면 자비심이 많으며 운세는 길하다.

번잡하고 시끄러운것을 싫어하고 그윽하고 한가함을 좋아하므로 말년에는 사찰을 찾아가 한가한 여생을 지내려 한다.

### ● 46 일야문(逸野紋)

이 무늬를 가진 사람 또한 한가하고 조용한 것을 좋아하며 사람이 많이 모이는 곳을 저어한다. 술학(術學)을 좋아하여 산천을 두루 다니며 도인을 찾아다닌다.

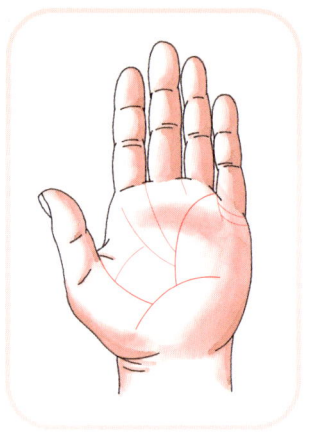

46. 일야문(逸野紋)

### ● 47 화주문(花酒紋)

평생 주색을 밝히며 세월을 보내는 상. 있는 돈은 없어도 쓰기를 좋아하며 이팔청춘의 미색만 찾아다니는 호색한의 상이다.

### ● 48 도화문 ❶ (桃花紋)

이 또한 사치와 풍류를 좋아하여 술과 여색에 빠진

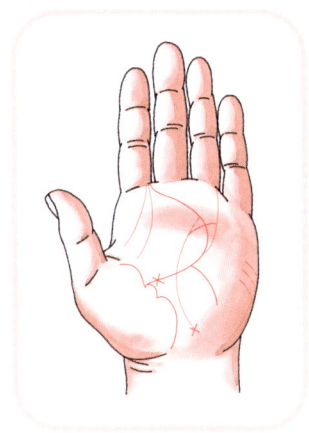
47. 화주문(花酒紋)

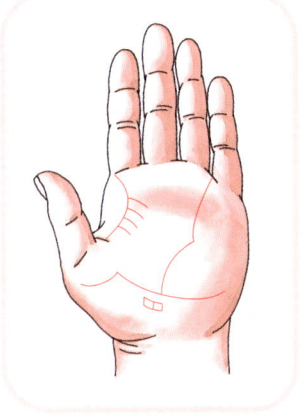
48. 도화문① (桃花紋)

다. 그로 인해 일생을 그르치게 되니 중년에 많은 재산을 탕진해 버린다.

● **49 색로문(色勞紋)**

버들잎이 물결에 떠내려가는 형상과 같으니 유흥가로 다니며 세월을 보낸다.

아침저녁으로 오직 주색 즐기는 일에만 골몰하여 반생을 하는 일없이 허송세월을 하다가, 이로 인하여 모진 병을 얻어 고생한다.

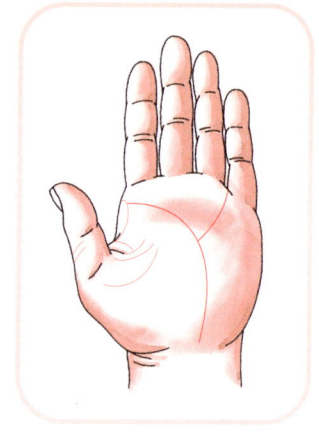

49. 색로문(色勞紋)

● 50 원앙문(鴛鴦紋)

그림과 같은 모양을 원앙문이라 하는데, 이러한 무늬가 있는 사람은 음란하고 방탕하다.

그러므로 평생을 주색에 빠져 늘 새로운 정(情)맺기를 일삼는다.

● 51 도화문❷ (桃花紋)

도화문이 있는 사람은 풍류에 연정을 탕진하는 상

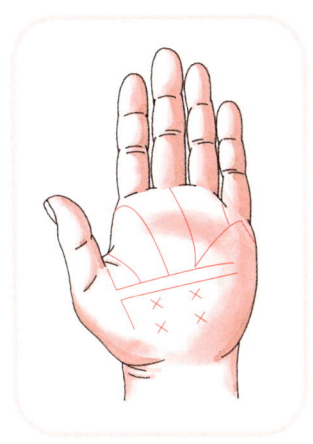
50. 원앙문(鴛鴦紋)

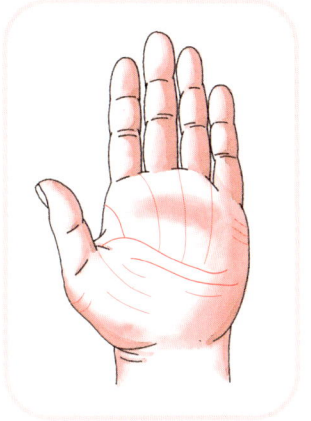
51. 도화문② (桃花紋)

이니 홍등주루가 이 사람의 집이다.

만일 중년 나이에 이러한 무늬가 나타나면 한 떨기 꽃에 취하여 헤어나지 못한다.


● **52 화차문**

화차문이 손바닥에 나타나면 주로 주색을 탐하는

상이다. 화류거리에 노닐며 오직 풍류만을 일삼으니 환락을 탐하기가 옛날 서시를 능가하게 된다.

### ● 53 화류문(花柳紋)

이 무늬가 있으면 남자는 주색과 풍류를 좋아하는 사람이며, 여자는 화류계의 운명을 타고났다고 본다. 평생을 풍류와 환락에 빠져 몸과 마음이 헤어나지 못한다.

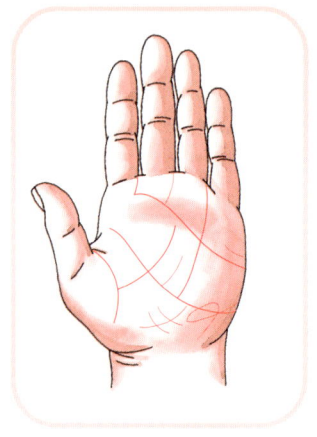

52. 화차문(花?紋)

### ● 54 투화문(偸花紋)

투화문이 있으면 남모르는 곳에서 은밀히 정을 통하는 사람이다. 그러므로 조강지처를 돌보지 않고 오

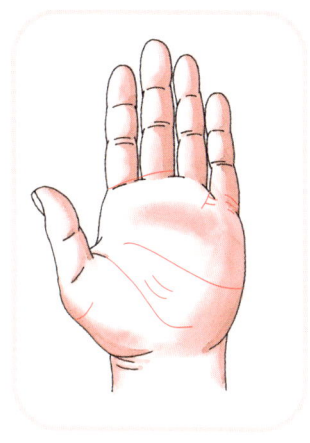
53. 화류문(花柳紋)

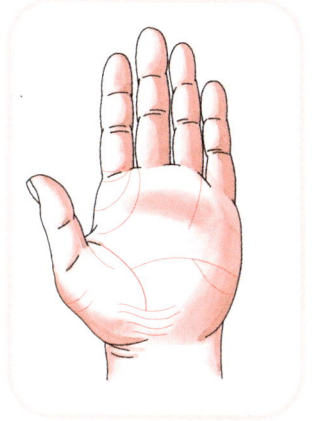
54. 투화문(偸花紋)

직 남의 여자와 밀회에 빠지기 바쁘다.

● 55 어문(魚紋)

처궁(妻宮)의 부위에 어문(魚紋)이 있으면 청렴하고 절조가 있어 주색을 탐하지 않으며 그 아내도 절개가 있다.

그러나 이 무늬에 충파(沖破)를 당하면 도리어 음란하고 우매하다.

### ● 56 화개문(花盖紋)

이 무늬가 처궁에 있으면 재력이 있는 아내가 시집온다. 손바닥에 오행(五行-다섯 가지의 선)이 아울러 나타나면 그 아내가 다른 남자에게 몸을 허락하는 일이 생긴다.

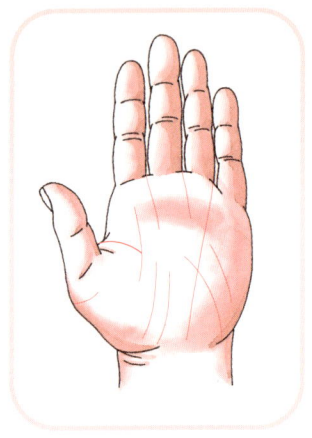

55. 어문(魚紋)

### ● 57 조천문(朝天紋)

처궁의 무늬가 천문(天文)을 향하여 그 아내가 음란하여 부덕(婦德)을 저버린다. 늘 옳지 못한 남녀의 정만을 꾀하다가 드디어는 패가망신한다.

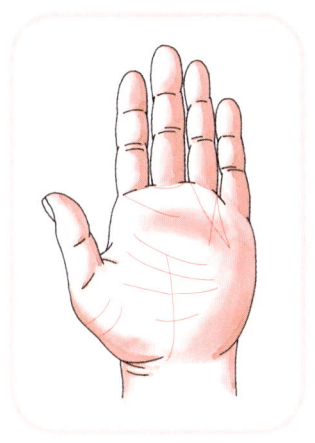
56. 화개문(花盖紋)

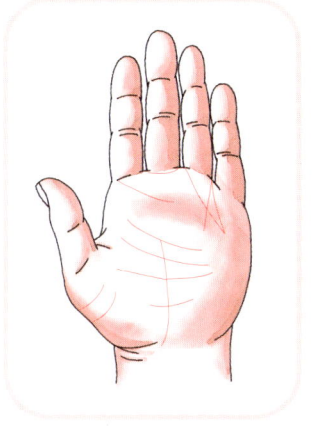
57. 조천문(朝天紋)

● **58 노복문(奴僕紋)**

노복문이 처궁을 향해 들어가면 그 아내가 부정하여 하인과 사통하고 가문을 망치기 쉬운 상이다.

● **59 생지문(生枝紋)**

처궁에 생지문이 있으면 교활한 아내를 얻는다. 늘

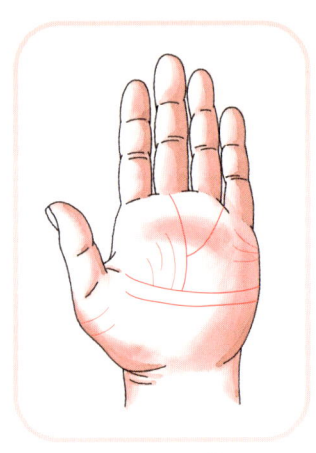 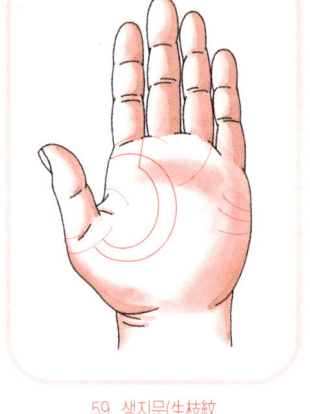

58. 노복문(奴僕紋)   59. 생지문(生枝紋)

남편을 속이니 자식의 도움을 받아 아내를 살펴야 가문의 액을 면한다.

● **60 극모문(剋母紋)**

태음위(太陰位)에 무늬가 충파(沖波)를 당하면 극모문이라 한다.

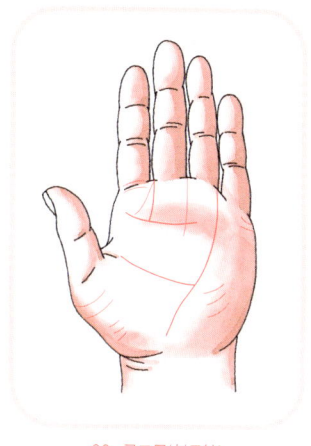
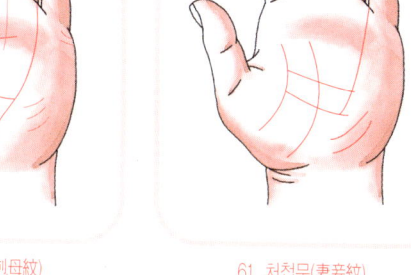

60. 극모문(剋母紋)　　　　61. 처첩문(妻妾紋)

이렇게 되면 반드시 친어머니를 잃거나 멀리 이별하게 된다.

● 61 처첩문(妻妾紋)

처첩문이 있는 사람은 많은 처첩을 거느리게 되는데 만일 처첩문이 노복궁에 침입하면 그의 노복과 정

을 통하는 처첩이 있게
되다.

### ● 62 일중문(一重紋)

일중문이 처첩궁에 있으면 그 아내가 아랫사람이나 혹은 제형(弟兄)에게 딴마음을 품는다. 만일 두 무늬가 아울러 네 갈래로 뻗으면 아내가 다른 남자가 통정하여 자식까지 두게 된다.

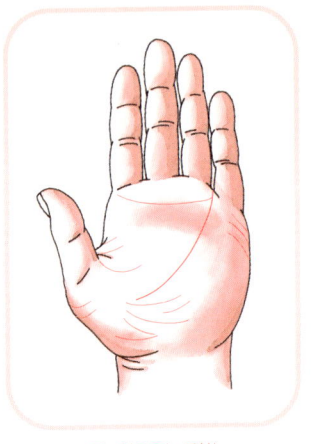

62. 일중문(一重紋)

### ● 63 극부문(剋父紋)

천문(天文)이 중지(中指)를 향해 있는 것을 괴성(魁星)이라 하는데 매우 아름다운 상이다.

그러나 두 손가락이 중심(中心)의 무늬와 엉키면 어

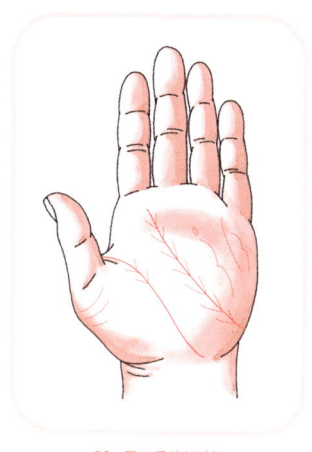
63. 극부문(휀父紋)

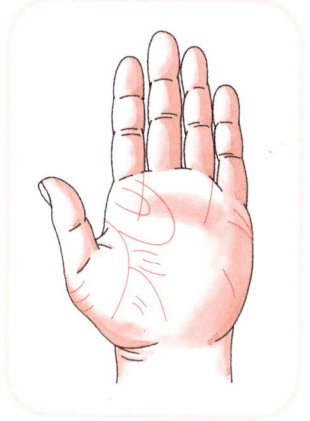
64. 월각문(月角紋)

려서 아비를 잃고 의지할 곳이 없다.

● 64 월각문(月角紋)

월각의 부위에 음문(陰紋)이 태궁을 향하면 아내의 재물을 얻게 된다. 좋은 일에도 항상 조심해야 되며 여자관계로 인하여 송사가 일어날 가능성이 많다.

● **65 과수문(過隨紋)**

이러한 무늬가 있는 자는 일찍 부모와 이별하고 의지할 데가 없다. 혹은 그 어머니를 따라가서 남의 부모를 섬기거나 양자로 들어가는 운이다.

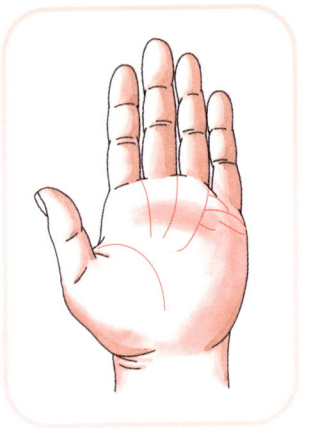

65. 과수문(過隨紋)

● **66 탐심문(貪心紋)**

천문이 흩어진 것을 탐심문이라 하는데 그럴 필요가 전혀 없어도 남의 것을 욕심낸다. 천성적으로 도벽이 있다.

● **67 삼살문(三殺紋)**

삼살문이 처자궁에 임하면 아내와 자식을 잃고 홀로 비통해한다.

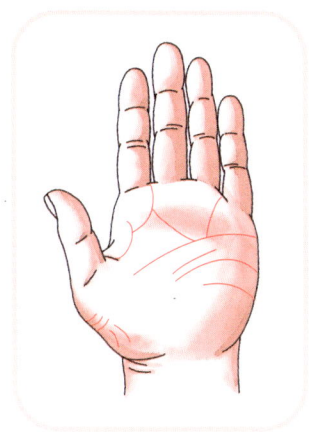
66. 탐심문(貪心紋)

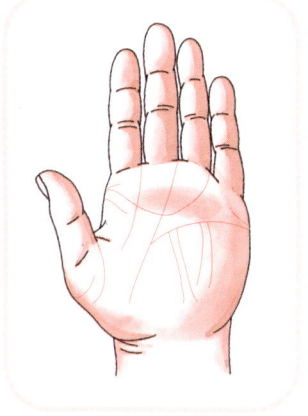
67. 삼살문(三殺紋)

● **68 주작문(朱雀紋)**

주작문이 손바닥에 보이면 일평생 관재시비(官災是非)가 끊이지 않는다.

만일 길한 무늬가 있으면 그럭저럭 무마가 되지만, 두 머리가 입처럼 벌린 모양이면 최악이 되는 운세.

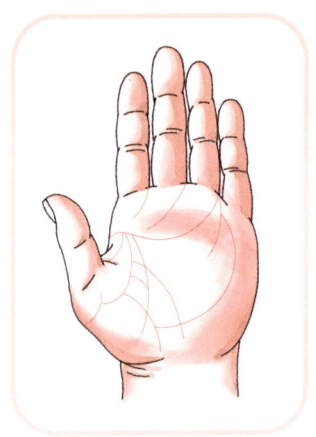
68. 주작문(朱雀紋)

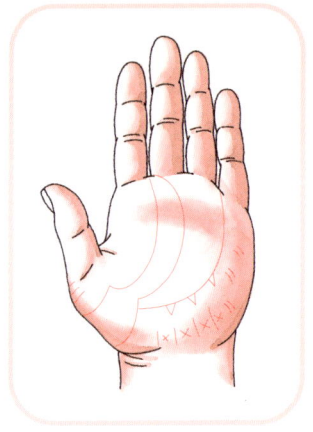
69. 망신문(亡神紋)

● **69 망신문(亡神紋)**

이러한 무늬가 있는 사람은 재산을 모두 깨먹고 육친과 이별한다. 궁지에 빠져 큰 곤욕을 치르기 쉽다.

● **70 겁살문(劫殺紋)**

금문(金紋)에 겁살문이 어지럽게 엉키면 흉액이 따

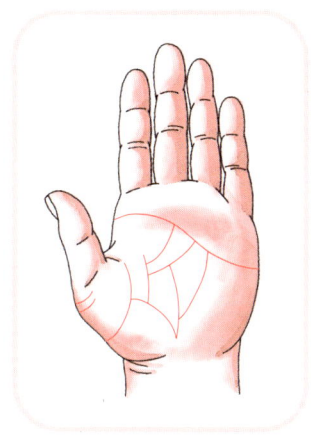
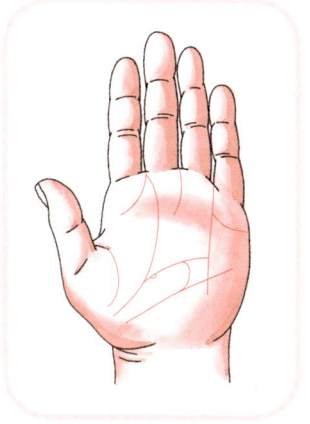

70. 겁살문(劫殺紋)　　　　　71. 주식문(酒食紋)

르고 성패가 빈번하다.

초년에 골육과 이별하고 어려움을 겪으면 액운이 끝난 것으로 말년에 뜻을 이룬다.

● **71 주식문(酒食紋)**

주식문이란 곤위(坤位)에 무늬가 생겨 손위(巽位)까

지 연결된 것이다.

세 마리의 제비가 나는 모습이 가장 좋은 상으로 의식 걱정이 전혀 없고 귀인들과 교우한다.

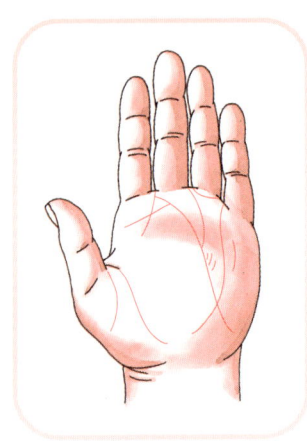

72. 독조문(獨朝紋)

● 72 독조문(獨朝紋)

독조문이 그림과 같이 나타나고, 화(靴-신), 홀 같은 무늬가 겸하여 생기면 사람됨이 지혜롭고 귀히 되어 중년에는 높은 지위에 오른다.

# 제3장 신체보는 법

## 1 신체 삼정

목에서 배꼽까지를 상정, 배꼽에서 무릎까지를 중정, 무릎에서 발까지를 하정이라 하는데, 상정이 하정보다 길면 일생 편안하고 그 반대가 되면 일생 분주하다. 삼정의 거리가 균등하면 의식이 풍요롭다.

## 2 목

목이 모지고 윤택한 빛이 돌면 크게 귀하게 되고 둥글고 풍만하여 긴장감이 있으면 건강하고 애정생활도 원만하다. 성공할 상. 목은 몸과 비중이 같아야 하는

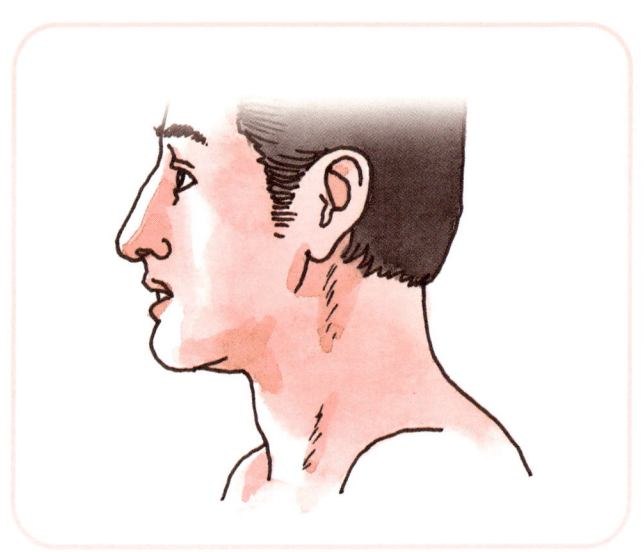

데 극단에 치우친 것은 모두 좋지 않다.

 결후부가 특히 불거진 사람은 일에 걸림수가 많아 성공하기 어렵고 결후가 튀어나온 사람으로서 비대한 사람은 횡화를 당하기 쉽고, 이가 드러난 사람은 객사수가 있다.

목이 짧고 모진 사람은 복록이 족하되 귀해지기는 어렵고, 가늘고 긴 사람은 빈천하다. 목에 반점이 있거나 깨끗지 못하면 성격이 비루하고 재액이 많다. 목이 연약하여 머리를 이기지 못할 것 같은 자는 생활력이 없다. 남녀 다 같이 애정생활이 순조롭지 않다.

얼굴이 맑고 목이 짧으면 성공하고 얼굴이 탁하고 목이 길면 가난하다. 짧고 곧은 목은 성품이 곧고 다복하며 남을 지도할 만한 재질과 능력이 있다. 사업가 정치가 타입, 여성이면 결혼 운이 좋지 않다.

목이 굽은 자는 막힘수가 많다. 앞으로 굽은 듯한 목은 좋으나 뒤로 젖혀진 듯 하면 좋지 않은데, 뱀대가리처럼 굽은 사람은 성품이 지독하고 빈천하다. 남자는 목이 짧은 편이 좋고 여자는 긴 편이 좋다. 살이 많이 붙은 늘씬하고 긴 목은 취미가 풍부하고 신경이 예민하여 심정에 여유가 있다. 문예, 예능 방면에 천분이 있으며 금운도 매우 좋은 길상이다.

## 3 어깨

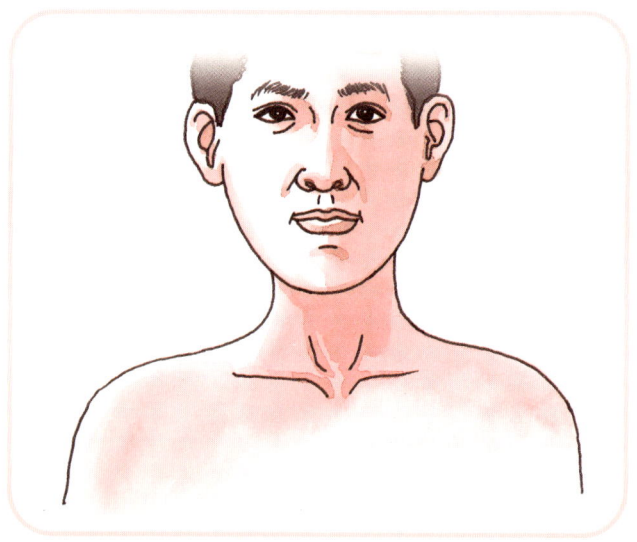

 두텁고 평평하며 탄력이 있어야 한다. 엷고 살이 없으면 운세도 약하다. 약간 높은 것이 좋고 너무 아래

로 처진 것은 빈상. 얼굴이 모진 사람은 어깨가 넓어야 큰 성공을 거두고 어깨가 매우 좁으면 어렵다.

어깨가 넓어도 팔이 연약하면 막히는 일이 많다. 어깨의 좌우 높이가 같은 것이 좋은데 오른쪽이 높으면 자수성가할 상, 왼쪽이 높으면 패가망신할 상이다.

## 4 가슴

가슴이 두터운 사람은 당당한 성격이다. 가슴을 펴고 다니는 것은 건강에도 좋다. 이런 사람은 생활력도 강하다. 역경에 빠져도 그것을 뚫고 나갈만한 의지와 행동력이 있다. 가슴이 엷은 사람은 빈상이다. 병에 걸리기도 쉽다.

성격도 약하고 행동력도 없다. 단 귀인이 나타나면 무난한 생활을 할 수 있다.

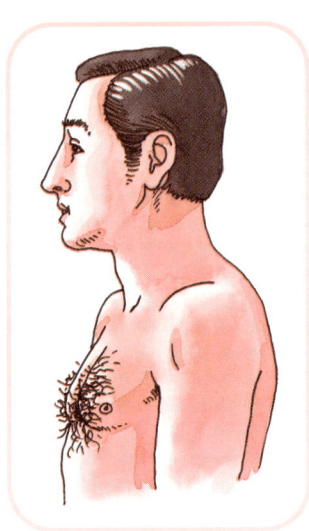

튀어나온 가슴 일명 새가슴-가슴이 비둘기처럼 튀어나온 사람은 엉덩이도 튀어나와 있다.

연애운도 없고 자기를 살려나가는 지혜도 없다.

가슴에 털이 난 사람은 성공하기 쉽고 가슴의 좌우가 비뚤어진 사람은 가난하고 박복하다.

## 5 배

일반적으로 배가 큰 것은 복상이지만 이 또한 균형의 문제다. 몸 전체가 말라 빠져 있는데도 배가 큰 것은 내장에 병이 있는 징후. 상부에 비해 하복부가 마른 사람은 생명력의 저하를 일으켜서 쇠운에 빠진다.

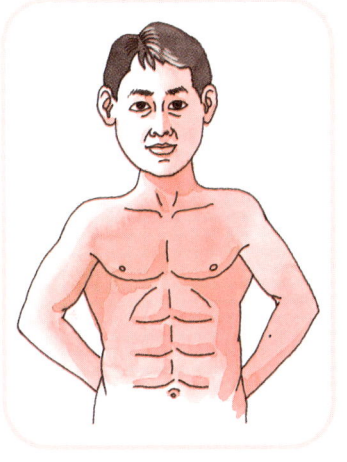

큰 배라도 탄력이 없고 축 늘어져 있으면 생활력이 약해 고생할 상. 배가 크고 탄력이 있으면 의지력과 활동력이 풍부하고 일도 순조롭게 풀어가는 성공할 상.

뱃가죽은 두텁고 배꼽은 깊어야 좋으며 희고 붉고 윤기가 도는 것이 길상이다.

배에 석 삼자 무늬가 있으면 크게 성공할 상, 왕자 무늬가 있는 것은 더욱 좋다.

## 6 배꼽

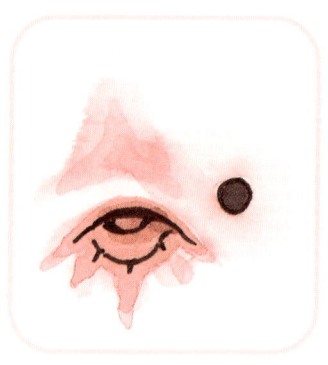

배꼽은 정면을 향하고 있는 것이 좋다. 어느 방향이고 배꼽이 비뚤어져 있는 사람은 무슨 일에도 잘 순응하지 않는다. 사사건건 반대를 일삼고 인생 자체에 의심과 혐오를 느끼므로 처세에 지장이 많다.

배꼽이 크다고 무조건 좋은 것은 아니다. 배꼽이 커도 뿌리가 얕고 늘어진 느낌을 주는 것은 경박한 성격의 소유자로서 친구나 이성 사이에 문제를 잘 일으킨다. 결단성도 없고 진실성도 없다.

작은 배꼽은 복운을 잡은 상은 아니고 보통이거나

그 이하이다. 어른이 되어서도 튀어나온 배꼽은 운수에 문제가 있다. 신체에 이상이 있는 것이다.

배꼽이 깊이 들어간 사람은 뱃심도 크고 국량이 넓으며 배꼽에 검은 점이 있는 사람은 크게 성공할 운수.

## 7 음부(陰部)

남자의 음경과 여자의 음문, 항문을 총칭한다.

남자의 코를 보고, 여자는 입을 보아 미루어 짐작할 수 있다. 남자는 코가 크면 음경도 크고 코에 점이 있으면 그곳에도 점이 있다고 하는 설이 있다.

여자의 경우엔 입이 그렇다고 한다. 또는 눈썹의 짙고 옅음에 따라서 음모의 대소를 짐작하기도 한다.

남자의 귀두에 여자의 음문에 점이 있으면 귀한 자식을 얻을 상. 음모가 매우 많거나 아주 없는 남자는 음란하다 하며 음모가 없는 여자는 자궁이 좋지 않고, 음모가 많으면 음란하거나 귀하게 된다 한다.

음모는 부드럽고 적당한 것이 좋고 짙거나 거칠고 지저분한 것은 음천할 상이다.

음낭의 양쪽 크기가 균형을 잃은 것은 좋지 않다. 항문에도 털이 있는 게 좋으며, 없는 사람은 빈천하고 병약하다.

## 8 사지

두 팔과 두 다리를 가리켜 사지(四肢)라고 한다. 사지에다 머리(首)를 더하여 오체(五體)라 하는데 이는 오행(五行)을 본받은 것이다.

사지에 결함이 있으면 몸이 고통스럽고, 오행이 도(道)를 어기면 만물이 발생하지 않으며 오체의 균형이

맞지 않으면 평생 빈천하다.

수족(手足)은 나무의 가지와 줄기에 해당되는데 마디가 많으면 재목으로 어렵듯 사지에 마디가 튀어나오면 아름답지 못한 상이다.

그러므로 수족은 부드럽고 매끄러우며 맑아야 한고, 뼈는 툭불거져 솟지 말아야 한다. 옥 같이 희고, 줄기같이 곧으며, 이끼(苔) 같이 매끄럽고 솜털처럼 부드러워야 부귀인의 상이다.

만일 굳고 거칠며 커다란 사지에 힘줄이 솟아 뼈가

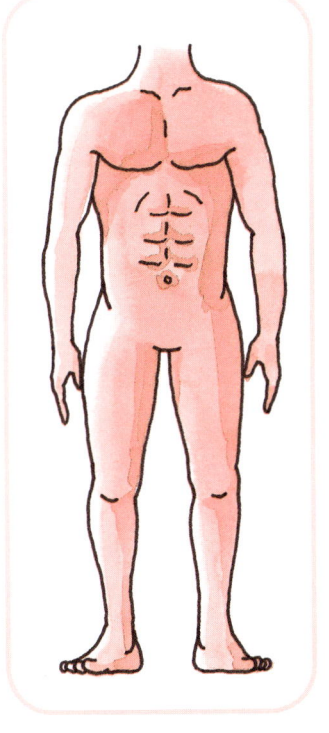

얽혀 있으며, 피부 또한 흙 같이 거칠고 돌 같이 단단하여 대추나무처럼 굳고, 살집이 부스럼 같이 흉측하면 모두 빈천한 사람이다.

수족엔 털이 있어야 좋으며 마디 위는 짧고 그 아래는 길어야 좋다.

팔을 늘어뜨린 길이가 무릎을 지나는 사람은 옛말에 영웅현인 지상이요, 손끝이 허리를 지나지 못하도록 짧은 사람은 빈천하다고 하였다. 체격이 작고 손이 큰 사람은 재물이 흩어지기 쉽고, 체격은 큰데 수족이 작은 사람은 청빈하고, 체격과 수족이 균형을 이루면 아주 좋다.

무다리는 발목이 굵어 전봇대를 연상시키는 다리다. 쌍놈의 민둥다리라고 해서 경시되어 왔다. 이런 사람은 몸 전체가 굵게 살이 쪄 있다. 지능이 떨어지고 향상심이 없는 성격이 많으므로 자기 계발과 건강에 힘써야 한다.

각선미가 있는 다리는 알맞게 살이 찐 다리로 종아리도 적당하고 발목도 보기 좋게 조여져 있는 다리, 예술가에게 많다. 금 운은 신통치 않아도 명예 운은 대통하는 수가 많다.

날씬하게 가늘고 긴 다리는 여성들이 가장 바라는 다리로 종아리는 거의 눈에 띄지 않는다. 신경질이 많은 형으로 학자나 예능인에게 많다. 금 운은 노력 여하에 달려 있다.

뼈대가 크고 튼튼한 다리는 힘참을 나타낸다. 정치가, 재계인에 많으며 금 운도 좋다. 섬세한 감정은 없으므로 남들에게 인기를 얻지는 못한다.

커브를 이루며 퉁퉁하게 살찐 다리는 종아리가 크고 긴장미가 없는 다리다. 술장사에게 많은데 금 운이 좋은 편은 아니다.

짧은 다리는 일이나 생활 또는 친구와의 교제나 연애에도 성의가 있으나 얌전하고 소극적인 형.

안짱다리는 무릎 부분이 바깥쪽으로 퍼진 다리로 짧은 다리와 비슷한 성격. 성실하긴 하지만 명랑성이 부족하다.

 두 다리를 가지런히 놓았을 때 무릎과 종아리와 발뒤꿈치가 착붙는 다리는 금 운, 애정 운이 모두 순조로운 길상.

# 관상손금

- 초판 1쇄 발행   2008. 8. 20.
- 초판 3쇄 발행   2010. 11. 15.

- 감수         천운 이우영
- 기획편집    K&I 기획
- 디자인      김 영 숙

- 펴낸곳      아이템북스
- 주소        서울 마포구 서교동 444-15, 101호
- 등록        2001. 8. 7. 제2-3387호

※잘못된 책은 바꿔 드립니다.